KB074022

한국문화의 현상학

# 언덕의 시학

최 재 목

지식과교양

## 머리말

모든 것들은, '바람 따라'[風], '출렁 댄다'[流] – 최재목

### 1

이 책은 그동안 필자가 윤곽을 잡아왔던 한국문화에 대한 글을 엮은 것이다. 한국인들이 느끼고 생각하고 표현했던 것을 나는 '한국문화의 현상학'이라고 규정했다. 다시 이것을 '언덕의 시학'으로 덧붙인 것은, '언덕'을 사랑하는 무의식을 한국문화에 오버랩 시켜보고 싶었기 때문이다. 시학은 시학(詩學)이지만 시학(試學. 시도적인 학술)으로 오독해도 좋겠다.

### 2

높지도 낮지도, 귀하지도 천하지도 않은, 그 '어중간(於中間)'을 바라보는 시선이 한국인들에게 있다. 나는 그 죽도 밥도 아닌 빈틈을 비집고 들어가 보고 싶었다. 그러나 거기엔 결과 무늬가 있다. 결과 무늬는 실체로 고정되어 있지 않다. 어중간의 결과 무늬는 어딘가 좀 삐딱하고, 어색하고, 꾸부정하고, 엇갈린다. 그러나 그것은 탁 트인 제 각각 삶(생명)의 자리를 가진다. 그 자리는 넓지 않다. 삶은, 아니 생사마

저, 덤으로 생각한다. 무(無)에서 덤으로 있는 것을 삶으로 보기에 죽음도 그렇다. 무덤이 '무(無)인 삶에서, 덤으로 있는 것'이듯이, 삶의 모든 양식과 행태들이 그렇다. 이런 태도와 관점은 허무주의나 데카당스가 아니라 존재에 대한 직관이고 달관이다. 그래서 삶터도 반 칸[半間]이나 한 칸이면 족하다. 열 칸도 스무 칸도 백 칸도 필요 없다.

풍류 즉 '바람 따라, 출렁임'의 미학이 그 하나이다. 불교적 문맥에서는, 말을 바꿔서, '건달의 미학'이라 부르고 싶다.

건달은 천상과 지상 사이에 거하면서, 어디에도 머무르지 않는다. 무정주(無定住)이다. 미적인 인간이되 정주와 안착, 소유와 욕망에 물들어 있지 않다. 사물과 접하면서, 느끼고 감응하고 표현하는 존재이다. '바람 따라(風) 출렁일(流)' 뿐이다. 사유하는 것이 아니라, 몸으로 감응하며 뭇 생명들의 생명력을 출렁출렁 흐름을 잡아 이어준다. 접화군생(接化群生)이다. 여기서 결과 무늬가 생겨난다.

아프리카 케냐에 살고 있는 유명 사진작가 김병태의 작품 전시회(김병태, 〈BLACK MIST〉 서울: 공근혜갤러리, 2018.4)에 부쳐 쓴 글 일부를 소개해둔다.

"존재는 '오직 알 수 없는 바람', 저 '무명풍'(無明風)으로 하여,
수시로 출렁대고, 일렁댄다. 간지럽고, 짜증나겠으나, 그것 빼고는
사실 아무것도 없다.
풍+류(風流)!
그래, 모든 것들은, '바람 따라'[風], '출렁 댄다'[流].
드러난 것은 모두 '빛'이다. 그 뒤로 물러나 숨은 것은 모두 '어둠'이다."

이렇게 '바람 따라(風) 출렁이는(流)' 한국 문화를 시론적(試論的)
으로 묶어 본 이 책은 다음의 다섯 부분으로 되어있다.

1. 언덕의 시학
2. 어울림, 한국인의 심성에 흐르는 강물
3. 한국의 놀이의 현상학
4. '흥'과 '예의'의 미학
5. 지명 속의 멋

모두 에세이로 되어 있다. 딱딱한 논문 스타일은 아니다. 문화의 속살에 접근하는 방법은 논문 투보다는 에세이 식이 나을 지도 모르겠다. 어쨌든 이런 나의 제안적인 논의가 차츰 논리를 갖춰서 세상에 다시 선보일 수 있는 날이 있을 것으로 본다.

체계적인 저술보다도 아포리즘이 '휙 지나가는' 진실을 더 잘 전해줄 수 있다는 발터 벤야민의 말처럼 나는 문화의 핵심은 아포리즘이나 은유로 꽉 차 있다고 믿는다. 그것을 논리적으로 체계화해 놓은 것은 오히려 부차적인 것일지도 모른다. 순간순간 유동하는 생명의 현장을, '바람 따라(風) 출렁이는(流)' 한국 문화를, 딱 짚어내는 기법은 결국은 언어일 수밖에 없지만, 사실 그 언어란 문자언어(랑그)가 아니라 구술언어(파롤)에 속한다. 만일 랑그로만 고정하려면, 붙들리는 것보다 빠져나가는 것이 더 많을 것이다.

〈5. 지명 속의 멋〉 부분은 내가 살고 있는 대구의 지명을 예로 들어서 살펴본 것인데, '지명의 인문학'이라고나 할까. 조사를 하면서, 나는 알쏭달쏭한 지명들 속에 갇히기 일쑤였다. 현재 통용되는 지명, 그 너머로 미끄러져 숨어버린, 슬프게도 '정확히 알 수 없는 진실들'이 너무 많음을 알게 되었다. 우리 식 표현들이 일제강점기를 거치고, 근현대를 거쳐 나오는 과정에서 당시의 보편언어인 한자로 개명되며 음역, 의역되고, 심지어는 왜곡, 번안, 재창조가 생겨났다. 가깝고 먼 것들이 '살아갈 자리=거처'를 정하는 과정이었다. 삶이 그렇고, 문자가 그렇고, 세계가 그런 것이다. 내가 어떤 말과 개념과 사건과 사실과 진실과 진리라는 것에 대해서 생각할 때 새삼 신중하고 겸손해야 함을 알게 된다.

이 보잘 것 없는 원고를 받아서 책으로 만들어주신 지식과교양에 감사드린다.

2018년 3월 30일
대구 목이재에서 최재목 적다

| 차례 |

# 1

## 언덕의 시학(詩學)
### – 물러남[隱退] · 하산(下山)의 철학

# 언덕의 시학(詩學)
## - 물러남[隱退]·하산(下山)의 철학

### '행여 오시려나' 기다리는 곳

가곡 '언덕에서'(민형식 시, 김원호 곡)를 듣는다. "저 산 너머 물 건너 파란 잎새 꽃잎은/눈물짓는 물망초/행여나 오시나 기다리는 언덕에/임도 꿈도 아득한 풀잎에 이슬 방울"

눈앞에 선연히 언덕이 떠오르고, 거기 서서 행여나 임이 오시나 기다리는 누군가를 떠올리게 된다.

그렇다. 언덕은 어딘가를 '바라보는 곳'이고 또 '무언가-누군가를 기다리는 곳'이다. 더 높아지면 우뚝 솟은 산꼭대기일 거고, 더 낮아지면 평지일 거다. 그저 적당한. 높지만 그렇게 높지도 안고. 약간 낮지만 그렇게 낮지도 않은, 중용(中庸)과 중도(中道)를 닮았다. 심리적으로 평온한, 불안하지 않은 장소-지점을 말한다.

'전망'과 '여망·기대·기다림'에 알맞은, '경계(警戒)', '주의(注意)·집중(集中)'에서 유리한 곳이다. 삶의 온갖 '불안'으로부터 벗어난, 안정된 공간의 확보는 인간이 생존 본능에서 익힌 환경-터-풍수-위상학적 지혜일 것이다.

## '농단(壟斷)의 자리' VS '모범적' 장소 '현자'의 거처

『맹자』「공손추(公孫丑) 하」에는 "부귀한 처지에 있으면서(於富貴之中) 농단을 사유물로 삼는 자가 있다(有私龍斷焉)"고 하여, 언덕이 부귀와 권력을 사유화하거나 독점하는 최고의 입지를 설명하는데 사용한 경우도 있다. 최근 유행한 '국정농단'의 '농단'인데, 여기서는 농단(壟斷)을 '龍斷'으로 썼지만 같은 말이다. '농(壟=龍)'은 '언덕', '단(斷)'은 '깎아 세운 듯 높이 솟은'이란 뜻. 평지보다 약간 높은 언덕을 가리킨다. 시장 주변에 있는 높은 언덕에 올라서서 눈 여겨 시장의 판세를 읽고 이익을 독점했던 천장부(賤丈夫. 대장부의 반대)와 연관시켜 언덕이 스토리텔링되었다. 높은 곳이나 그러한 위치의 사람이 권력과 이익을 독점하는 경우에 언덕이란 지형적 상식이 동원된 것이다.

한 편 언덕은 평지보다도 높으면서 '안정된' '표준'의 장소로 묘사된다. 우뚝 솟아 뽐내는, 그만큼 불안-불편한 곳이 아니라 안정된 모범의 장소이다.

『맹자』「이루(離婁) 상」에서 맹자가, "성인은…사람들에게 차마 할 수 없는 마음으로 정치를 하시니, 인덕이 천하를 덮었던 것이다. 그러므로 '높은 것을 만들되 반드시 언덕을 따르고(爲高, 必因丘陵), 낮은 것을 만들되 반드시 내와 못을 따르라(爲下, 必因川澤)'고 하였으니…' 운운하여, 언덕=높음의 표준, 내·못=낮음의 표준으로 제시한다.

또한 언덕은 어진 자=현자의 자리 정도로 비유된다. 아주 높은 위치는 하늘이거나 그곳에 있는 해와 달이다.

『논어』「자장(子張)」에 보면, 숙손무숙(叔孫武叔)이라는 사람이 공자를 헐뜯자, 공자의 제자 자공(子貢)이 이렇게 변호한다. "그래봤자 소용없습니다. 공자는 헐뜯을 만한 분이 아닙니다. 다른 현자라면 언덕이라서(他人之賢者, 丘陵也) 넘어갈 수 있지만, 공자는 해와 달이라서(仲尼, 日月也) 넘어갈 수가 없습니다." 여기서 보듯이, 높은 것은 하늘이다. 거기에 떠 있는 해와 달이다. 천상의 일들이다. 인간의 일은 지상의 일이다. 평범한 인간보다 높은 '현자의 자리'는 산꼭대기가 아니라 언덕 정도의 높이로 안정치를 정한다.

## 가슴쯤의 어중간, '기대고 비빌 곳'

널리 유포된 윈도우 XP의 푸른 언덕 배경화면은 언제 봐도 기분 좋다. 이 멋진 장소는 어디일까. 인터넷에 찾아보니, 미국의 사진작가 찰스 오리어(Charles O'Rear)가 1996년에 촬영한, 캘리포니아의 소노마 밸리(Sonoma Valley) 풍경이란다. 직접 가보지는 못했으나 왠지 마음 속에 오래 남아, 나를 편안하고 행복하게 해준다.

제주도의 오름을 쳐다봐도 그렇다. 경주의 오능(五陵)을 봐도 그렇다. 어릴 적 놀던 뒷동산의 무덤들도 그랬다.

"왜 그럴까?"라고 물었더니, "몽골 초원에서 오래 떠돌다 흘러온 우리 선조들의 피가 몸속에 남아있어서!"라고 말한 뇌과학 전문가도 있다.

"평평한 들판에 머물지 말라, 너무 높이 올라가지 말라! 세계는 중

간 정도의 높이에서 가장 아름답게 보인다." - 니체가 한 말이다. 아마
도 언덕 위에서 어딘가를 쳐다보며 읊은 것이리라. "내 마음 속에 떠오
르는 모든 것은 나의 근원에서 떠오르지 않고 내 마음의 중간쯤 어디에
선가에서 비로소 떠오른다." - 카프카가 일기(1910)에서 한 말이다.

마음의 어중간한 곳, 거기서 글이 나온다니. 아마도 가슴이 아닐까.
그렇다. 언덕은 사람의 신체에서 보면 가슴쯤일 것이다.

생각해보면 내 유년기 얼굴을 파묻고 빨아대던 엄마 젖가슴, 아니
면 안겨서 칭얼대면서 '기대고-비비며' 놀던 따스한 방구석의 아랫목
같은, 아랫배였는지도 모른다. 더 근원적으로는 엄마 자궁의 아늑했던
공간이었을 테고. 세상 바깥에 나와서는 언덕으로, 오름이나 초원의
풍경일 테고. 또는 무덤의 둥근-아늑한 모습들일 테지. 아니 이런 것
들을 쳐다보며, 우리는 더 이상 찾아갈 수 없는 자궁-배를 대리만족하
고 있는지도 모른다.

'자궁→젖가슴/배→언덕/초원/오름→굴(窟)/무덤'이라는 어휘의
나열에서 가족유사성을 발견하는 것은 논리적 사유 이전에 감각적,
본능적, 원초적 인지기능이 작동하는 것이리라. 이들은 모두 아파트의
로얄층(대략 아파트의 중간층)처럼, 희미한 나의 옛 사랑의 그림자를
껴안고서, 생명의 평온함을 보장하는 일종의 위상학적 비밀을 감춘
공간이다.


## 수구지심(首丘之心)=엄마의 품=모성=대지를 향한 초심

언덕은 보통 '땅이 비탈지고 조금 높은 곳'을 말하나 비유적으로는

'보살펴 주고 이끌어 주는 미더운 대상'을 이르기도 한다. 한자어로는, 강부(岡阜), 구강(丘岡), 구롱(丘壟), 구릉(丘陵), 구부(丘阜), 구분(丘墳), 능구(陵丘) 등이 같은 뜻이다.

외롭고, 힘들 때는 따스한 곳이 그리운 법. 한하운의 '보리 피리'라는 시가 떠오른다.

"보리 피리 불며/봄 언덕/고향 그리워/피-ㄹ 닐니리//보리 피리 불며/꽃 청산/어릴 때 그리워/피-ㄹ 닐니리//(중략)//보리 피리 불며/방랑의 기산하(幾山河)/눈물의 언덕을 지나/피-ㄹ 닐니리"

이곳저곳을 방랑하면서 그리워하는 것은 '봄 언덕'이다. 가을도, 겨울도 아닌, '봄 언덕'은 '고향'의 상징이며, '어린 시절'의 추억이다. 초심이 담긴 그 '언덕'으로, 시인은 돌아갈 수가 없다. 늘 그리워만 하기에, '눈물의 언덕'처럼, '언덕=눈물'로 겹쳐 읽힌다.

그런데, 나이가 들면 왜 그렇게도 우리는 언덕을 그리워하는 것일까?

수구초심(首丘初心)이라는 말이 있다. 수구지심(首丘之心) 또는 구수(丘首)나 호사수구(狐死首丘) 등으로도 표현하는데, 여우가 죽을 때가 되면, 태어나서 어미젖을 빨고 뛰놀며 자라난, 추억의 굴(窟)이 있는 언덕을 향해 머리를 둔다는 말이다. 나이가 들면 누구나 고향을 그리워한다는 것을 비유한 것이다.

고향은, 원초적으로는, 나의 '살결이 닿고' '폭 안겨봤던' 그 살가운 추억과 따스한 느낌이 공존하는 엄마의 품이고 자궁이고, '백골이 진토(塵土)되는' 천지산천=대지이고, 무덤이다.

『예기(禮記)』「단궁(檀弓) 상」에 나오는 이야기 한 대목이다.

위(衛) 나라의 대부 공숙문자(公叔文子)와 거백옥(蘧伯玉)이 하구

(瑕丘)라는 언덕에 올라가 산책하였는데, 공숙문자가 앞서가고 거백옥이 뒤를 따랐다. 공숙문자가 즐거워하면서 말했다. "좋구나! 이 언덕이. 나는 죽으면 이곳에 묻혔으면 하네(樂哉, 斯丘也, 死則我欲葬焉)."

바로 이 대목에서 알 수 있듯이, 언덕은 무덤으로 연결된다. 우리도 "뒷동산에 묻히고 싶다"고 표현하지 않는가. 뒷동산이 자연스레 무덤으로 연결되는 것처럼, 우리에게는 언덕=무덤이라는 무의식이 작동한다. 이렇게 언덕은 '자궁→젖가슴/배→언덕/초원/오름→굴(窟)/무덤'이라는 어휘들과 인지적 유동성을 가지며 서로 가족관계를 맺는다.

## 희미한 옛 사랑[仁]의 그림자, 선(善)을 향하여!

한번 안겼던 추억이 깃든 곳=고향을 향한 진정한 마음은 태어나서 자라면서 느끼고, 그리고 죽을 때 다시 한 번 만나게 된다. 희미한 옛 사랑의 그림자를 찾아서 도달한 곳이 언덕이고, 흙이고 무덤이다. 왔던 그곳으로 '돌아간다(가신다).'

『예기(禮記)』「단궁(檀弓) 상(上)」에는 또 재미있는 대목이 보인다 : "군자가 말하기를 "음악은 그 저절로 생겨나는 바를 즐거워하는 것이고(樂樂其所自生), 예는 근본(=자신을 있게 한 선조)을 잊지 않는 것이다(禮不忘其本). 옛사람의 속담에는 "여우가 죽을 때에 머리를 자기가 살던 굴이 있는 언덕을 바로 향하는 것은 인(仁. 어짊=삶의 초심을 잊지 않는 마음)이다(狐死正丘首, 仁也)."라고 하였다"

생명의 원초를 드러내는 '악(樂)', 자신의 뿌리에 대한 경의의 표현인 예(禮)처럼, 삶(생명)의 초심을 잊지 않는 마음인 '인(仁)'을 나열한 것이다.

여우가 죽을 때 반드시 태어나서 자란 굴이 있는 언덕을 향해 머리를 바로 눕히는 마음을 '인(仁)'이라 규정한 것은 참으로 탁월하다. 『논어』「태백(泰伯)」에서, 증자(曾子)는 「새가 장차 죽을 때에는 울음소리가 애처롭고 사람이 장차 죽을 때에는 그 말이 착한 법이다」(曾子言曰, 鳥之將死, 其鳴也哀, 人之將死, 其言也善)라고 하였다. 인간이 삶의 완성으로서 죽음을 맞이했을 때 비로소 자신의 근원적인 선한 본성을 보여준다는 것을 말해준다.

인간과 만물들이 지선(至善)을 향해 가는 그 지향성을 아리스토텔레스는 『니코마코스 윤리학』에서 「모든 기술과 탐구, 또 모든 행동과 추구는 어떤 선을 목표 삼는 것이라 생각한다. 그러므로 선이란 모든 것이 목표 삼는 것이라고 한 주장은 옳은 것이라 하겠다.」고 한 바 있다. 착한 것, 선한 것은 희미한 옛 사랑[仁]의 그림자이다. 그것은 죽을 때에 이르러야 겨우 만날 수 있는 것인지도 모른다. 최종적 선택지이다. 언덕-굴-무덤-자궁-씨(씨알) 들이 그것 아닌가. 생명의 형식들이다.

심으면 나는 살구 씨-은행 씨(杏仁)가 딱딱한 껍질 속에 보드라운 씨알을 안고 있듯이, 어질 인(仁) 자는 사람 몸속에 사람이 있는 모양이다. 임신한 여인을 뜻 한다. 몸 '신'(身. 배 속에 아이가 들어 있는=임신한 모양) 자도 같은 계열이다. 인(仁)-신(身)은 모두 '어머니의 자궁 속에서 아이가 자라나는' 것, '아이를 품고 있는 엄마의 몸'처럼 생명을 살리고 길러내는 원초적인 몸의 '힘'(에너지)을 보여주는 눈물겹도록 애틋한 마음, 측은지심(惻隱之心)을 담은 글자이다.

　모성(母性)은, 지배하고 서열지우는 부성(父性)과는 달리, 생명을 낳고-살리고-기르는 창조적, 수평적 미학 에너지의 덩어리이다. 언덕은 그런 인(仁)의 마음을 공간적으로 표현한 시학(詩學)이다


## 상실의 아픔을 달래는 위로의 자리


　천상병(千祥炳)의 시 '강물'을 읽으면 언덕은 '울음'-'그리움'-'서러움'의 장소이다. 누군가가 앉거나 서서, '바라보는(쳐다보는, 조망 · 전망하는)'-'생각하는'-'그리워하는(바라는, 희망하는, 앞날을 기획하는)'-'기다리는' 곳임을 알려준다. 밝음과 어두움, 설렘과 아픔, 기쁨과 슬픔이 반반씩 섞인 곳이다.

　언덕은 뒷동산과 인지적 유동성, 가족유사성을 갖는다. 동요 '하늘나라'의 가사, "동산위에 올라서서 파란하늘 바라보며/천사얼굴 선녀얼굴 마음속에 그려봅니다/하늘 끝까지 올라 실바람을 끌어안고/날개달린 천사들과 속삭이고 싶어라."에서 보듯이, 뒷동산은 '파란하늘-천사 얼굴-선녀 얼굴'을 '그려보고-끌어안고-속삭이는' 쪽으로 나아간다.

　그러니까 뒷동산이나 언덕은 하늘-정상을 바라보고, 그리워하며, 그 쪽으로 차츰 다가서기=오르기 위한 '중간 정도' 지점을 가리킨다. 아울러 성의 구별로 비유해 본다면 남성적-부성적인 것이 아니라 여성적-모성적인 것이다. 나아가서 신체로 비유해 본다면 머리(頂上, 정수리, 꼭대기) 부분의 단단한 '둥긂'이 아니다. 가슴-여성의 젖가슴

이나 배-임신한 여인의 배 부분의 물렁물렁한 '둥그스름 함'이다.


## 고향 언덕 초가삼간(三間), 우리들 '로망의 밈'

유행가에 우리가 잊고 살았던 문화심리의 밈(meme)이 남아있음을 알게 된다. 노랫말에 박혀있는 우리들 로망의 요소와 형식이다. 그것은 그냥 보면 잘 보이지 않는다. 멀리서, 무심하게, 낯설게 쳐다보면, 비로소 그 모습을 드러낸다. 그러다 또 휙 지나간다. 모습을 감춘다. 그 전에 잽싸게 붙들어야 한다!

"찔레꽃 붉게 피는 남쪽나라 내 고향 언덕 위에 초가삼간 그립습니다." 유행가 '찔레꽃'의 가사 앞 대목이다. '남쪽 고향 언덕 초가삼간 그리움', 이런 낱말로 짜여 있다.

또 하나 더 있다. "실버들 늘어진 언덕위에 집을 짓고 정든 님과 둘이 살짝 살아가는 초가삼간 세상살이 무정해도 비바람 몰아쳐도 정이 든 내 고향 초가삼간 오막살이 떠날 수 없네." 유행가 '초가삼간'의 가사이다. '실버들 늘어짐 언덕 정듦 님 초가삼간 오막살이'라는 낱말로 돼 있다. '언덕+초가삼간' 세트는, 명절 선물세트처럼, 참 특이한 조합의 '공간 시학(詩學)'을 보여준다. 실루엣만 남기면 무덤-젖가슴-반달 같은 이미지일 테다. 이런 미니멀리즘은 우리 전통에서 온 것일까. 아니면 근대 이후 서구의 영향에서 만들어진 것일까. 자세히 들여 다 봐야 할 대목이다.

여하튼 위의 노래에 나오는 '언덕'은 걸음을 포기한 체념의 장소나 묵상과 침묵의 자리가 아니다. 숨소리가 들리고 살아움직이는 생신

(生身)의 더디고, 느리게 걷다가, 쉬는 곳이다. 잠시, 못 이긴 듯, 흔들 흔들 실버들처럼 정주하는 곳이다. 그래서 실버들 늘어진-초가삼간-오막살이면 된다. 많은 소유욕이 필요치 않다. 소유의 거처지가 아니라 존재의 거처지이다. 모든 존재들의 모공이 열려 있는 곳이다. 자발적 비움과 능동적 쉼의 형식만이 있는 곳이다. 자신을 세계에 다 열어놓는, 모두 풀어놓는 곳(쉼터)이다.

아, 그런데, 이런 이야기를 더 보태고 싶다. '실버들 늘어진-언덕-초가삼간' 세트는 둥그스름한 곡선이고, 반달-반원 모양이다. 대지에서 약간 삐져나온, 내려감과 올라섬의 반반을 머금은 위치. 그것은 완전한 '벗김'(=탈신비화-노출-까발림)도 아닌, 그렇다고 '감춤'(=은폐-금기-신비화)도 아닌 자리에 있다. 이 둘의 밀고 당김 사이의 '아슬아슬한 틈'에 언덕은 자리한다. 언덕의 위상이다. 마치 예전에 아낙들이 껴안은 아이에게 가슴을 풀고서 살짝 꺼내서 물렸던 젖가슴처럼, '호(好)' 자가 보여주는 생명 존재의 에로티시즘-미학의 탄생을 발견한다.

## '물러남[隱退]·하산(下山)' 때 머무는 곳

어느 날 이렇게 나에게 '언덕'이 찾아왔다. 아니 보이기 시작했다. 환영(幻影)일까도 생각했다.

강 언덕, 모래 언덕, 바람의 언덕. 뒷동산…. 몽마르뜨 언덕, 폭풍의 언덕…. 뭐 이런 것들이 눈앞에 자꾸 어른거리기 시작했다. 릴케가 '두이노의 비가'에서 "아름다움이란 우리가 간신히 견디어 내는 무서움의 시작일 뿐…."(제1 비가)이라 말했듯이, 내가 막 발견하기 시작한 이 언덕의 아름다움은 차츰 두렵게 느껴지기도 한다.

게다가 찬바람이 부는 계절. 그립고, 따스한 구석들이 생각나는 요즘, 더불어 '물러남[隱退]·하산(下山)'에 대해서도 생각하게 되었다. 생각해보니 다 이유가 있는 것 같다. 내 눈이 머문 곳이 '겨우' 아니 '이제사' 언덕으로 향한 것이다. 내 의식의 소실점(消失點)에 뜬금없이 언덕이 나타난 것이다. 먼 곳으로만 떠돌던 내 사유의 안착지. 유랑하던 영혼의 '머물 곳'='거처'를 찾고 있었던 것이다. 고은이 말한 "내려갈 때 보았네/올라갈 때 보지 못한/그 꽃"의 꽃들이 보이는 언덕 자리 말이다.

나도 정년이 얼마 남지 않았다. 내 이럴 줄 알았다. 비틀비틀…어정대다가 새로운 길로 접어들 때를 맞이한 거다. 그러나 '이것 또한' 기뻐해야 할 일 아닐까. 공자의 말처럼, '불역열호'(不亦說乎)! 이것 "또한 기쁘지 않으랴!" 돌이켜보면 시간 시간, 마디마디 푸르렀던 삶, 아니었던가. 눈물겹도록 아려서 아팠고, 아파서 오히려 내 것이었던 삶, 아니었던가.

수운 최제우가 득도한 후에 '한울님(天)'과 너 한 짝, 나 한 짝 식으로, 한 구씩 지은 '화결시(和訣詩)'(『동경대전』)가 심장에 비수처럼 와서 박힌다. "방방곡곡행행진(方方谷谷行行盡), 수수산산개개지(水水山山箇箇知)"-"방방곡곡 돌아보니, 물마다 산마다 낱낱이 알겠더라.""송송백백청청립(松松栢栢青青立), 지지엽엽만만절(枝枝葉葉萬萬節)"-"소나무 잣나무는 푸릇푸릇 서 있고, 가지가지 잎새마다 만만마디로다."

오직 그곳만 보고 기어오를 때는 꼭대기만 보았다. 하산할 시점에,

적당히 머물러야 할 자리를 생각해야 할 때,"소나무 잣나무는 푸룻푸룻 서 있고, 가지가지 잎새마다 만만 마디"임을 알게 되리라.


## 어쩌다 중(中)+년(年), '슬그머니 다가와서 어깨를 두드리는'

'중년'이란 나이는 차츰 언덕에 서야 하는 나이이다. 산꼭대기=정상에서 적당히 내려서서, 올라갔던 길들을 물끄러미 쳐다보고, 또 내려갈 길을 찬찬히 눈여겨 봐 둬야 할 시점이다. 주제 파악을 잘 해야 한다.

힘 있을 때, 잘 나갈 때, 적당히 내려서고 갈아타고 떠나는 각오와 연습을 해야 한다. '노(老)'='늙음'이라는 글자가 슬그머니 다가와서 어깨를 두드릴 때 그때서야 '어이쿠!' 하며 생각할 일들이 아니다.

'노'는 노쇠(老衰), 노약(老弱)처럼 쇠약과 퇴락의 의미도 있다. 하지만 한 편으로는 노숙(老熟), 노련(老鍊)처럼 지혜와 경험의 면에서 숙련을 보여주기도 한다. 내리막길에는 올라갔던 고통을 되새기며 더욱 여유를 부릴 수 있다. 삐죽이 시야와 안목이 생겨난다. 빠뜨린 것들을 챙기고, 오버한 것들은 제 자리로 돌려놓는(復其所過) 마음(지성)을 회복할 수 있다.

언제 어디에서나 속출하는, 눈꺼풀 사이로, 생각의 사이사이로 비껴나가고 달아나버리는 것들. 그때는 그것만 보이고, 이 때는 이것만 보였기에, "손가락 사이로, 흘러내리는 모래 같은 삶의 느낌(the awareness that life runs out of one's hand like sand)"을 찬찬히 회상하는 시간이 필요하리라.

다른 한 편으로는 '노'는 노탐(老貪), 노욕(老欲), 노망(老妄)처럼,

탐욕과 망념을 드러내기도 한다. 그러나 몸이 있는 한 욕망이 있다. 죽어서야 비로소 그 움켜쥐는 손가락의 단단한, 앙칼진 힘을 푼다. '숟가락 들 힘', '문지방 넘을 힘'이 있는 한 그 '힘'(=욕망)은 작동된다. 탐진치(貪瞋痴)의 믿는 구석은 몸이다. 몸이 없으면 없었을 것들이다.

나무들이 가지를 뻗어가서 적당한 지점에 멈추듯이, 자연은 법칙[天則]을 가지고 있어 그 법칙대로 커다가 멈추는 법이다. 그런 '어느 선'에서 만물은 만족하고(知足) 머물 줄 알기에(知止) 하늘을 찌른다는 우려를 할 필요가 없다. 괴테도, 로댕도, 그렇게 생각했다.

탐욕도 정도껏 허용하라! 끌리고 꼴림도 허하라! 그러나 힘 빠지면 하라고 해도 못한다! 나이가 들어 다리에 힘 풀리고, 몸에 힘 빠지고 근력-기력이 줄고, 눈이 침침하고 귀도 잘 안 들리고, 아프고 하면 움직이는 것도 먹고 마시는 것도 마음속으로 용만 써대지 '선=법도=구(矩: 잣대, 룰)'를 결코 넘어설 수 없다. 공자가 "칠십쯤 되어서는 마음 내키는 대로 해도 룰(법도)을 넘어서지 않았다."는 '칠십이종심소욕불유구(七十而從心所欲不踰矩: 칠십)'는 이런 뜻이다.

'상엽홍어이월화(霜葉紅於二月花)' - "서리에 물든 단풍잎 봄꽃보다 더 붉어라." 당나라 시인 두목(杜牧)이 〈산행(山行)〉에 보이는 구절이다. 노년이 청춘보다 더 아름다울 수 있다. 산전수전, 쓴맛, 매운맛 다 겪고 나서 맛보는 삶의 편안함은 받아들임이다.


## 삶의 '여로마다 기다리고 있는' 쉼+터

언덕은 적당히 차고 기운 자리이다. 반달이라 해도 좋다.

내가 목표 없는 시야, 목표 없이 머묾을 생각할 때'언덕'의 의미가 잘 읽히기 시작했다. 언덕은 끝이 아니고 '도중'-'어중간'이다. 그것은 삶의 '여로마다 기다리고 있는' 쉼터이다. 소유함의 거처가 아닌 존재함의 거처라는 발상에서, 삶의 그런 여행 속에서, 언덕은 재발견되는 것이다.

헤르만 헤세는 시 '여행의 비결'은 내가 말하고 싶은 '언덕의 시학'을 진정성 있게 잘 밝혀주고 있다. 아울러 '세계의 행렬에서 함께 몸을 숨기는' 진정한 '물러남[隱退]·하산(下山)'의 철학도 들려준다. "방방곡곡 돌아보니, 물마다 산마다 낱낱이 알겠더라."는 수운의 말처럼, 땅=삶의 '결'을 헤세는 '여로마다 기다리고 있는/숲과 강과 갖가지 장관'이라 표현한다.

목표 없이 떠도는 것은 젊은 날의 기쁨이다.
젊은 날과 함께 그 즐거움도 나에게서 사라지고 말았다.
그때부터 목표나 의지를 의식하게 되면
나는 그곳에서 떨어지고 말았다.

목표만을 좇는 눈은
떠도는 재미를 알지 못하고
여로마다 기다리고 있는
숲과 강과 갖가지 장관도 보지 못한다.

나는 떠도는 비결을 계속 배워 나가야 한다.
순간의 순수한 빛이

동경의 별 앞에서 바래지지 않도록.

여행의 비결은 이것이다.
세계의 행렬에서 함께 몸을 숨기고
휴식 때도 사랑하는 먼 곳으로 가는 도중에 있다는 것.

　　　　　　　　　　　　　　　　- 헤르만 헤세, '여행의 비결'


## 분절(分節)마다, 다 그렇게 '찰 영盈, 기울 측昃'

춘하추동처럼 생노병사도 자연이다. 자연을 거부할 것이 아니라
그것을 사랑하고 그것에 감사해야 한다. 제 철 꽃이나 과일처럼, 각
각의 분절(分節)마다 다 그렇고 그렇게 될 필연적 의미가 있다. '생
(生)'='삶'이 있음으로써 생겨난 일들이다. '생일 축하합니다'라고 말
하지만 사실은 그 말 속에는 '노→병→사(老病死)'를 축하합니다!' 라
는 말이 함께 들어있다.

틀린 말인가? 기분 나빠하거나 얼굴을 찡그릴 일이 아니다.

'날 일日, 달 월月, 찰 영盈, 기울 측昃'. '해도 달도 차면 기운다'.『천
자문』의 소소한 구절들이 등 자락을 한 대씩 툭툭 쳐준다. 어느 것은 좋
고, 어느 것은 버릴 것이 아니라는 말이다. 이래도 좋고, 저래도 좋다.

"생은 아름다울지라도/끊임없이 피 흘리는 꽃일 거라고 생각했
다."(윤재철, 「생은 아름다울지라도」에서)고 어느 시인이 말한 것처럼
삶에서 '아름다움=고통'이라는 사실을, 그리고 청천 하늘의 '잔별'이
모두 '수심(愁心)'임을, 우리는 아름답고도 여실하게 바라볼 일이다.

# 2

어울림,
한국인의 심성에 흐르는 강물

# 어울림, 한국인의 심성에 흐르는 강물

## 우리의 꽃밭에 피어난 다문화 "꽃밭...어울리게..."

"아빠하고 나하고 만든 꽃밭에 채송화도 봉숭아도 한창입니다. 아빠가 매어놓은 새끼줄 따라 나팔꽃도 어울리게 피었습니다."

초등학교 교과서에 등장하는, 어린이들이 부르는 동요의 한 구절이다. 채송화, 봉숭아, 나팔꽃 모두 우리 주변 어디에나 친숙하게 마주칠 수 있는 꽃들이다. 그런데 우리는 잊고 있다. 채송화는 남미의 브라질에서, 나팔꽃은 인도에서, 봉숭아는 동남아에서 여기까지 온 것이다. 지구촌의 서로 다른 곳에서 태어났지만 우리 의식 속에서 마치 우리 고유의 꽃처럼 바뀌었고, 꽃밭에서는 어엿이 조화를 이루고 있다.

대하소설 『객주』의 작가 김주영씨가 언젠가 고향인 경북 청송에서 이주여성 123명과 그 가족을 초청한 행사에서 건넨 인사말은 이랬다. "신문을 보다가 깜짝 놀랐습니다. 봉숭아는 동남아시아에서 들어왔고 나팔꽃은 인도, 채송화는 남미가 고향이랍니다. 이들 꽃은 언제 어떻게 들어왔는지는 모르지만 오랜 세월 지나면서 우리 꽃이 되었습니다. 우리 고향을 지키는 다문화가정 며느리도 다를 게 없습니다."

각양각색을 담는 큰 그릇 같은 마음이 있어야 어울릴 수 있다. 우리 문화에 그런 것이 있다.

이러한 다문화적 시야는 신라시대 최치원(崔致遠)이 쓴 지리산 쌍계사의 「진감선사대공탑비문(眞鑑禪師大空靈塔碑)」) 앞머리에서 잘 드러나 있다.

> "대저 도는 사람으로부터 멀지 않고, 사람에겐 다른 나라(異國)란 없다. 그래서 우리나라 사람으로서 유학자도 되고 불학자도 되었으며, 기필코 서쪽으로 대양을 건너가 이중통역을 하더라도 학문을 하고자 하였던 것이다(夫道不遠人, 人無異國, 所以東人之子, 爲儒爲釋, 必也西浮大洋, 重譯從學)"

이것저것 가리고 따지며 배척하지 않고 포용, 포섭하는 다문화적, 국제적 사유를 보여준다. 우리가 흔히 쓰는 '오지랖이 넓다' '주변머리가 있다'는 생각과 연결된다.

## 어울림, 다문화의 상징

모두가 함께하는 행사를 어울마당이라 한다. 요즘은 다문화 차원에서 많이 쓴다. 어울림 예술축제를 '하모니 아트 페스티발(Harmony Art Festival)'로 번역하기도 한다. 이때 '어울'은 '和' = '조화'를 뜻한다.

우리 전통 문화에서도 '어울'이란 말이 사용된다. 어울무덤을 보자. 둘 이상의 주검을 하나의 무덤에 함께 묻는 무덤인 합장묘(合葬墓)를 어울무덤이라 하는데, 이때 '어울'은 '合' = '화합'을 뜻한다.

'어울림'은 '어우르다'는 말의 명사형이다. '어울리다'는 여럿을 모아 한 덩어리나 한판이 되는 것을 말한다. 다시 말하면 다른 성격을 지닌 둘 이상의 사람이나 물건이 서로 잘 조화를 이루는 것을 말한다.

주로 和(조화), 合(화합)을 의미하는 어울림은 개체 각각의 고유성 이 사라진 '동화(同化)'가 아니다. 각양각색을 지키면서 모인 것들이 각기 다채로움을 발하면서 큰(커다란) 덩어리 즉 '한판-한마당'이 되는 것을 말한다.

모든 것을 모아서 비비면 맛있는 밥이 된다. 비빔밥이다. 어울림 밥 아닌가.


## 오지랖과 주변머리

사실 우리나라 사람들은 남과 남의 일에 관심이 많다. 늘 눈은 밖으로 향해간다. 이 일 저 일에 관심도 많고, 참견 또한 많다. 심지어는 남의 일에 발 벗고 나서는 사람들도 많이 본다. 이런 사람들을 가리켜 흔히 '오지랖이 넓다'고 한다. 오지랖이란 웃옷이나 윗도리에 입는 겉옷의 앞자락을 뜻한다.

겉옷의 앞자락이 넓으면 옷을 다 덮을 수도 있고, 또 다른 물건에 이리저리 닿거나 스치기도 하여 다른 것에 방해가 될 수 있다는 말이다. 그래서 무슨 일이나 말이든 간에 적극 나서서 간섭, 참견하는 것을 꼬

집는 말로 바뀐 것이다. 하지만 긍정적으로 보면, 무슨 일에 뒤로 빠지거나 숨어버리지 않고 여기 저기 적극적으로 나서서 잘 어울리는 모습을 보여주기도 한다.

그리고 주변머리가 있다, 없다는 말을 많이 한다. 주변머리란 주변성을 말한다. 주변성이란 일이 잘 되도록 이리저리 힘쓰거나 처리하는 솜씨 혹은 감각이다. 어울림을 이끌어 가는 스킬, 테크닉이랄까.

어린 시절에 해보던 사다리타기에서도 오지랖 넓고, 주변머리 있는 생각들의 편린을 읽어낼 수 있다.


## 숟가락 하나 더 놓기와 묻어가기


한국인들은 어울려 살기를 좋아한다. 그래서 서로 따뜻한 밥 한 그릇 같이 먹기를 좋아한다. 예전에는 혼자 밥을 먹지 않는다. 최근에는 혼자 먹는 사람이 많아졌지만 과거에는 모두 떼거리로 몰려다니며 먹었다. 이런 게 외국인들 눈에는 신기할 정도였다.

서로 마주 앉아 따신 밥 한그릇 나누며 살아가는 모습이 우리들의 고향이었다. 원래 향(鄕) 자는 이런 의미로 되어 있다.

우리는 먹는 것에 관대해서 누가 오면 그냥 숟가락 하나 더 놓으면 된다고 생각했다. '음식 끝에 마음 상한다'는 말은 음식을 공평하게 같이 하는 문화에서 나온 말이다. 최부자의 육훈(六訓) 가운데 「과객을 후하게 대접하라」같은 경우에도 음식으로 어울리고 나누는 미풍양속을 볼 수 있다.

그리고 어떤 일에 튀지 않고 어울려서 함께 묻어서 같이 가는 것을 좋아했다. '친구 따라 강남 간다'는 말이 그것이다. 서로 어울려 다니기를 좋아하는 습관을 말한다.


## 더늠, 무한한 스토리텔링이 가능성을 담은 이야기 바다

숟가락 하나 더 놓는 것은 큰 틀은 어그러지지 않으면서 화합하며 조화를 이루는 것이다. 이런 모습은 판소리의 더늠에서도 볼 수 있다. 더늠이란 판소리에서 명창들이 사설과 음악을 독특하게 새로 짜서 자신의 장기로 부르는 대목을 말한다. 날실에다 끼워 넣는 씨실처럼 더늠은 수많은 버전으로 이야기가 확장되어 나온다. 그래서 더늠은 옛날 빨래터에서 아낙들이 시집살이를 털어놓듯 무진 무진 확장하는 이야기의 바다를 이루며, 각양각색으로 스토리텔링된다.

### 동편제 박녹주 바디 〈아니리〉
아동방이 군자지국이요, 예의지방이라. 십실지읍에도 충신이 있고 칠세지아도 효도를 일삼으니 무슨 불량한 사람이 있으리요마는 요순 시절에도 사흉이 났었고 공자님 당년에도 도척이 있었으니 아마도 일종 여기야 어쩔수 없는 법이었다. 경상 전라 충청 삼도 어름에 놀보 형제가 살았는디 흥보는 아우요, 놀보는 형이라. 사람마다 오장이 육본디 놀보는 오장이 칠보라. 어찌허여 칠본고 허니 왼편 갈비밑에가 장기궁 짝만허게 심술보 하나가 딱 붙어 있어 본디 심술이 많은 놈이라. 그 착한 동생을 쫓아낼 량으로 날마다 심술공부를 허는 디 꼭 이렇게 허든 것이었다.

**동편제 박봉술 바디 [아니리]**

아동방이 군자기국이요, 예의지방이라, 십실촌에도 충신이 있었고, 삼척 유아라도 효제를 일삼으니, 어찌 불량헌 사람이 있으리요마는, 요순의 시절에도 사흉이 있었고, 공자님 당년에도 도척이라는 사람이 있었으니, 어찌 일동여기를 인력으로 할 수가 있나! 전라도는 운봉이 있고, 경상도에는 함양이 있는데, 운봉, 함양, 두 얼품에 박 씨 형제가 살았으되, 형 이름은 놀보요, 아우 이름은 흥보였다. 사람마다 다 오장이 육보인듸, 놀보는 오장이 칠보였다! 그 어찌 칠보냐 하며는, 이놈이 밥 곧 먹으면, 남한테 심술 부리는 보 하나가 왼쪽 갈비 속에 가서 장기 궁짝만헌 것이 붙어 가지고, 병부 줌치 찬 듯 딱 이놈이 앵겨 가지고, 남한테 심술을 부리는듸, 꼭 이렇게 부리것다.

**동편제 박녹주 바디 〈아니리〉**

이놈이 삼강도 모르고 오륜도 몰라노니 어찌 형제 윤기인들 알 리가 있었느냐, 하루는 놀보가 심술이 나서 비오는 날 와가리 성음을 내어 "네 이놈 흥보야.! 너도 늙어가는 놈이 곁말에 손넣고 서리맞은 구렝이 모냥으로 슬슬 다니는 꼴 보기싫고 밤낮으로 내방출입만 하야 자식 새끼만 도야지 이물둣 퍼낳듯 허고 날만 못살게 구니 보기싫어 살 수가 없다. 너도 나가 살어봐라 이놈!"

**동편제 박봉술 바디 [아니리]**

심술이 이래 노니, 삼강 오륜을 알며, 형제 윤기인들 알 리가 있겠느냐?

하로는 이놈이, 비 오고 안개 다뿍 찐 날, 와가리 성음을 내어 가지고 제 동생 흥보를 부르는듸, "네 이놈, 흥보야!" 흥보 감짝 놀래, "형님, 저를 불러겠읍니까?", "오냐, 너 불렀다. 너 이놈, 네 자식들 장개를 보냈으면 손자를 몇을 놓쳤겠니? 너 이놈, 늙어 가는 형만 믿고 집안에서 헐일 하나 없이 되똥되똥 슬슬 돌아다니는 게 내 눈궁둥이가 시어 보아 줄 수가 없구나. 요놈. 오날부터서는 네 계집, 자식 쏵 다리고 나가부러라!", "아이고, 형님. 한번만 용서해 주십시오!", "용서고 무엇이고 쓸데없이, 썩 나가! 너, 내 성질 알제, 잉! 만일 안 나가서는, 이놈, 살륙지환이 날것이다, 이놈. 썩 나가!"

## 추임새, 함께 어우러지는 소리의 생명력

한 가지 더. 추임새다. 추임새란 판소리를 부를 때 고수(鼓手)가 흥을 돋우기 위하여 발(發)하는 조흥사(助興詞)인데, 서양음악에서는 찾아 볼 수 없으며 국악에만 있는 독특한 요소이다. 추임새는 북치는 사람이 소리의 구절 끝에서 〈좋다・좋지・으이・얼씨구〉 또는 〈흥!〉과 같은 조흥사와 감탄사를 발함으로써 흥을 돋구고, 또 다음 구절을 유발하는데 도움을 준다. 추임새는 겉은 말이라도 장면에 따라 표현방법이 다르고, 아무데서나 남발해서도 안 된다고 한다.

서양음악은 연주자에 방해가 될 것을 우려해 정숙을 유지하는데 반해 판소리는 창자와 고수 그리고 관중이 함께 추임새를 통해 흥과 설움, 한(恨)을 교류하는 것이다. 고수 뿐 아니라 관중들도 창자와 함께 추임새로 소리를 이끌어 간다. 거기서 소리판의 생명력이 살아난다. 우리 어울림의 한 모습이다.

## 조각보에 깃든 접화군생(接化群生)의 정신

여러 조각의 자투리 천을 모아 보자기를 만든 조각보에는 한국 고유의 어울림의 민속문화를 볼 수 있다. 여러 조각의 자투리 헝겊을 깁고 깁어 만든 보자기에는 작은 것을 버리지 않고 아끼는 마음, 그리고 찌질한 쓸잘 데 없는 것들을 새로운 의미로 살려내는 지혜를 엿볼 수 있다.

이것이 인간관계에 적용되면, 예컨대 바보온달을 장군으로 만든 평강공주의 생각도 되고, 이것도 맞고 저것도 맞는 황희 정승의 사고도 된다. 세상에는 버릴 것이 없고, 모두 어울려 살 수 있다는 믿음에서이다.

이런 사고는 우리 전통 속에 풍요롭다. 접화군생(接化群生: 뭇 생명체들에 응접하여 교화함), 요익중생(饒益衆生: 중생들을 풍요롭고 이익되게 함), 홍익인간(弘益人間: 인간들을 널리 이롭게 함. 무한 리필, 보태주는(give) 정신)이 그것이다.

모두 어울림을 향한 깊고 두터운 포용력, 균형감 있는 사고들이다. 그리고 십문화쟁(十門和諍) 같은 사상도 제반 이념들이 어울릴 수 있는 철학 아닌가.

## 사람에서 사람으로 통하는 하이퍼텍스트적 사고, '통(通)', '붙임성', '늘 푼수', '들이대기'

이러한 오지랖, 주변머리-주변성이란 것은 한국인들이 어울림을 이끌어내는 밑천이자 장점이다. 이것은 사돈의 팔촌까지 끌여들여 연결해 가는 능력, 즉 스티브 잡스가 말한 connect the dots!의 귀재들이 한국인 아닐까? 우리나라 사람은 수많은 점, 점들을 연결해서 하나로 묶어 상통, 달통하려는 '통(通)'의 사고와 능력이 있다.

『동의보감(東醫寶鑑)』에서는 「통즉불통(通卽不痛), 불통즉통(不通卽痛)」이라했다. 기혈이 막히지 않고 통하면 통증이 없고, 그것이 막혀서 통하지 않으면 통증이 생긴다는 말이다. 일이나 인간관계에서 잘 통하는 것을 최고라 생각했다.

인터넷에 들어가서 어떤 기사나 글(텍스트)을 읽다가 보면 보통 글자들과는 다른 색깔(보통 청색)로 강조된 것을 만난다. 이 글자들을 마우스로 클릭하면 그것과 관련된 또 다른 정보들이 화면에 떠오른다. 이런 식으로 클릭, 클릭해 가면 끊임없이 내용들이 연결되어 가며 하나의 맥락을 갖는다. 한 문서에서 다른 문서로 링크시켜 따라갈 수 있게 하는 것, 서로 다른 문서들이 연결되어 하나로 만들어지는 것을 요즘 용어로 '하이퍼텍스트'라 한다.

'링크'=접속=접촉=터치에 따라 점, 점들이 임의적으로 연결된 관계 속으로 들어온다. 이런 유전자 구조를 우리는 갖고 있다. 먹물로 연결(학연)하거나, 핏줄(혈연)로 연결하거나, 지리로 연결하거나(지연) 어쨌든 네트워크 상에 서서 서성거리며 인간관계를 링크해 가고자 한다. 그런 관계적 링크의 달인이 바로 우리나라 사람들이다. 어디에서든 비집고 들어서서 사돈의 팔촌까지 관계를 엮어보려 한다. 수많은 가문의 족보에서 하이퍼텍스트적 사고를 만난다. 이렇게 횡설수설(橫說竪說) 가로지르다 보면 모든 게 인다라망(因陀羅網)의 그물 속에 묶여 든다. 그래서 한 번의 클릭과 터치로 세상과 어울릴 수 있다.

　붙임성과 늘 푼수, 무작정 들이대고 보는 습성도 이런 사고 속에서 나온다. 사돈의 팔촌 어딘가에는 가서 닿으리라는 믿음이 우리에게 있다. 옷깃만 스쳐도 인연이라고 믿지 않는가.


## 돌고 도는 세상, '유비쿼터스적' 인식: '선기도(璇璣圖)', '법성게(法性偈)'

　한시를 이루는 한자들을 원이나 사각형으로 배치한 시(詩)를 선기도(璇璣圖)라 하는데, 이것은 이렇게 읽어도 저렇게 읽어도 통한다.

　「선기도」는 남북조 시대 전진(前秦)의 소약란(蘇若蘭)이 유배를 간 남편 두도(竇滔)를 그리워하며 오색실로 수놓아 만든 841자로 된 시이다. 그런데 이것은 돌려가며 읽을 수도 있고, 하나씩 건너 뛰어 읽어도 시어가 연결되어 읽어 낼 수 있는 시는 전체 7958수이다.

　「선기도」는 「직금회문(織錦回文)」이라고도 부른다. 회문(回文)이란 한시체(漢詩體)의 하나로서 위아래 어느 방향으로 읽어도 뜻이 통하는 글의 한 형식이다.

　이것은 마치 최근에 대학이나 사회에서 흔히 사용되는 「사용자가 시간과 장소에 구애받지 않고 자유롭게 네트워크에 접속하는 것」의 뜻인 '유비쿼터스'(Ubiquitous)와 흡사하다.

　유비쿼터스란 라틴어 '어디든지'·'도처에'(everywhere)라는 뜻의 '유비쿼(ubique)'에서 유래한 용어로서 '어디서나(every where) 존재한다'는 의미이다. 유비쿼터스적 발상법은 「법계도(法界圖)」 혹은 「선기도(璇璣圖)」에서 읽어 낼 수 있다.

최근 버클리 캘리포니아대 동아시아도서관에서 발견한 『규방미담(閨房美談)』에는 조선시대 여인들이 선기도의 한자를 바탕으로 한시를 짓는 게임을 좋아했음을 알 수 있다. 우리 조상들의 사고 속에도 빙글빙글 돌고 도는 세상에 대한 인식이 보인다.

돌고 도는 세상사. 〈그 집앞〉(현제명曲 / 이은상詩)에서도 그렇다.

오가며 그 집 앞을 지나노라면
그리워 나도 몰래 발이 머물고
오히려 눈에 띌까 다시 걸어도
되 오면 그 자리에 서 졌습니다.

이런 어울림의 원환적(圓環的) 구조는 의상대사의 법성게(法性偈)에도 잘 드러난다. 그 근저에는 행행도처 지지발처(行行到處 至至發處), 「걸어도 걸어도 그 자리, 가도가도 떠난 자리」라는 달관이다.

## 인생이란 희극에 대한 달관

유행가에서도 그런다. 「시름을 털고 너털웃음 한번 웃어보자 시계 바늘처럼 돌고 돌다가...」 사람 사는 세상 이라는 달관은 '화무십일홍, 달도차면 기운다!'에 들어있다. 日月 盈昃 아닌가. 그러니 어울림은 이런 돌고 도는 세상을 보며 달관한다.

서편제 속의 사철가에서는 그런다. "백 년을 산다고 해도 병든 날과 잠든 날 걱정 근심 다 제허면 단 사십도 못 살 인생". 그러니 놀자고 한다.

이산 저산 꽃이 피니 분명코 봄이로구나.

봄은 찾어 왔건마는 세상사쓸쓸허드라.

나도 어제 청춘일러니 오날 백발 한심허구나.

내 청춘도 날 버리고 속절없이 가버렸으니

왔다 갈줄 아는 봄을 반겨 헌들 쓸데있나.

봄아 왔다가 갈려거든 가거라.

니가 가도 여름이 되면 녹음 방초 승화시라.

옛부터 일러있고 여름이 가고 가을이 돌아오면

한로삭풍 요란해도 제 절개를 굽히지 않는

황국단풍도 어떠헌고.

가을이 가고 겨울이 돌아 오면 낙목한천 찬 바람에

백설만 펄펄 휘날리어

은세계가 되고보면 월백 설백 천지백허니

모두가 백발의 벗이로구나.

무정 세월은 덧없이 흘러가고

이내 청춘도 아차 한 번 늙어지면 다시 청춘은 어려워라.

어~어~ 어화 세상 벗님네들 이내 한 말 들어보소

인생이 모두가 백 년을 산다고 해도 병든 날과 잠든 날

걱정근심 다 제허면 단 사십도 못 살 인생,

아차 한 번 죽어지면 북망산천의 흙이로구나

사후에 만반진수는 불여 생전의 일배주 만도 못허느니라

세월아 세월아 세월아 가지 말어라 아까운 청춘들이 다 늙는다.

세월아 가지마라.

가는 세월 어쩔거나. 늘어진 계수나무 끝끝어리에다

대랑 매달아 놓고 국곡투식 허는 놈과 부모불효 허는 놈과

형제화목 못허는 놈,

차례로 잡어다가 저 세상 먼저 보내버리고

나머지 벗님네들 서로 모여 앉아서

한 잔 더 먹소 덜 먹게 허면서 거드렁거리고 놀아보세.


## 서로 돕고 의지하는 '어진' 어울림, '제'(際), '물물상의'(物物相依)

이규보(李奎報, 1168-1241)는 물아상구(物我相求: 사물과 내가 서로 돕는다)라는 생각(『동국이상국전집』제21권 「소연명(小硯銘)」)을 했다. 그리고 그는 생명 있는 것들(有血氣者)이 '생명을 같이하기에 아픔을 똑 같은 것(均血肉, 故其痛則同)'이라고 본다(『동국이상국전집』제21권 「슬견설(蝨犬說)」). 모두 어울림의 철학이다.

화담(花潭) 서경덕(徐敬德, 1489-1546) 또한 '사물은 서로 의지하는 존재'(物物賴相依)(『화담집』하, 「천기(天機)」)라고 보았다. 이렇게 서로서로 의지하며 도와주며 사는 것이 편들어주고, 거들어주기 아닌가. 품앗이, 계, 두레, 향약의 사상은 이런 데서 나온다.

우리는 성품이 너그러운 것을 '어질다'고 한다. 까다롭게 따지지 않고 느슨한 듯 놓아두면서 상황에 맞춰서 판단하거나 행동하는 것을 말한다. 이런 사람을 속이 너른 포용력 있는 '어진 사람'이라 한다. 인(仁)을 '어질다'로 새기는데, 이것은 우리 식의 훈독법이다.

다산 정약용은 '인(仁)'을 사람과 사람 사이(間)에서 생기는 윤리적 능력(덕)인 동시에 사람과 사람의 어울림(際)에서 생기는 규범개념으로 인식한 바 있다(仁之爲德生於人與人之間, 而仁之爲名成於人與人

之際)(「중용강의보」제1권)


## '무간(無間)'의 사상에 스며 있는 통합의 사고


영주의 소수서원(紹修書院)에 가면 소박한 자태의 '학구재'(學求齋)가 있다. 유생(儒生)들이 공부하던 기숙사다. 잘 보면 공부 '공(工)'자 형을 하고 있다. 세 칸으로 된 건물 가운데 대청은 앞뒤 벽이 없이 시원스레 뚫려 있어, 전후면의 경관이 바로 눈앞에 다가온다. 공부를 하는 건물에다 한 칸을 그냥 비워두었다. 그 빈 칸 즉 '사이(間)'에 눈이 멎는다. 이 빈 칸은 송순(宋純, 1493-1583)의 시조 「十年을 經營하여 草廬三間 지어내니/나 한간 달 한간에 淸風 한간 맡겨두고/江山은 들일 데 없으니 둘러두고 보리라」는 이른바 초려삼간(草廬三間)의 철학과도 통한다. 초려삼간은 '나(인간)'만이 쓰는 것이 아니고 '달(月)'과 '청풍(淸風)' 셋이 각각 나누어 쓰는 공간이다. 여기에 강산(江山)은 있는 그대로 초려삼간의 병풍이 된다. 이 무릎을 탁 칠만한 '사이-틈새의 풍류(風流)'를 만난다. 만물이 어울릴 수 있는 공간이다.

사계(沙溪) 김장생(金長生, 1548-1631)은 「十年을 經營하야 草廬 한간 지어내니/半間은 淸風이오 半間은 明月이라/江山은 들일 데 없으니 둘러두고 보리라」라고 읊었다. 삼간(三間)은 반간(半間)으로 더 축약이 된, 기막힌 '사이-어울림의 경영'을 읽을 수 있다. 있는 그대로의 텅 빈 공간에서 만물이 어울려 공생하는 희망과 행복의 설계도 아닌가. 그것은 진공묘유(眞空妙有)처럼 텅 빈 곳에서 만 가지의 묘미를 산출한다. 이 '사이'의 조감도는 마치 '강의 없는 강의'거나 '전위예술

가의 어록'처럼 느껴진다.

또 한 가지, 안동지방이나 동해안 산간지방 등에 까치구멍집이란 것이 있다. 대문을 들어서면 흙바닥인 봉당이 있고, 그 좌측에는 소를 키우는 외양간이, 우측에는 정지(부엌)간이 있어 가축과 주인이 하나의 공간에서 생활한다. 여기에는 또 대청 상부 지붕마루 양 끝에 까치구멍이 나 있다. 그래서 집 내부에서 밥을 짓고 쇠죽을 끓이고 관솔을 피울 때 발생하는 연기가 외부로 배출된다. 그 뿐인가. 낮에는 이리로 빛을 받아들여 어두운 집안을 밝힌다. 이렇듯 까치구멍집은 만물이 텅 빈 공간을 공유하며 살아가는 지혜의 원형이 아닌가. 바로 통합, 통섭의 인자는 서로를 텅 비운 '사이(間)'라는 빈틈의 場이다. 노자가 말하는 '비어있어서 바퀴가 굴러가는 바퀴통(輻)'이거나, 장자가 말하는 '도의 지도리[道樞]에서 무궁한 변화를 얻는 환중(環中)'과 같은 것 말이다.

학구재의 빈 대청마루, 까치구멍집의 공간, 십년의 경영으로 얻은 선조들의 초려삼간. 이 모두 다양한 인간, 사물, 영역, 전공자들이 만나 기탄없이 서로의 색깔 있는 의견을 교환할 수 있는 통합(通合)·통섭(通攝)의 '장'(場) 아닌가. 어울림 한 마당이다.

이러한 사고는 하곡 정제두의 「양지체용도(良知體用圖)」에서 보여주듯이 '천지만물일체무간(天地萬物一體無間)'이다. 천지만물에는 간극이 없다.

무간한 '사이'. 거기서 어울려 지내는 사람들. 담양 소쇄원(瀟灑園) 같은 정원에서 보는 천지만물일체의 어울림. 모두 무간의 사상에서 나온 것이다.

## '어울림'의 메타 텍스트, '포함(包含)'의 정신과 '풍류(風流)'

여기에는 모든 요소들이 다 들어올 수 있는 튼튼한 메타 텍스트가
하나 더 있다. '포함(包含)'이라는 개념틀이다. 이것은 하나의 그릇이
다. 포함이란 무언가를 사물이나 범위 속에 함께 들이거나 넣는 것을
말하는데, 각종 재료를 넣어서 담거나 섞을 수 있는 '그릇'을 말한다.
비빔밥 그릇처럼 각양각색의 재료가 섞이는 공간이 포함이라는 개념
틀이다.

범부 김정설은 포함 삼교의 포함은 특별한 의미가 있다고 본다. 삼
교란 유불선이며, 그것을 담는 것으로서 포함은 그 삼자에 앞선, 이미
주어진 선행하는 틀이라고 본다. 그것이 풍류도라 본다.

風流道의 性格을 究明하려면 첫째 그道를 어찌해서 風流라고 일렀
을가 우선 風流란 語義부터 意味를 가진것이고 또 實乃「包含」三教라
했으니 이「包含」二字도 容易하게 看過해서는 안되는 것이다 이 包含
二字를 잘못解釋하면 우리文化史의 全體가 사뭇 비틀어지게 되는 판이
란 말이다. 이를테면 三教를 調和했다거나 或은 集成했다거나 或은 折
中했다거나 或은 統一했다거나 或은 統合했다 거나할 境遇에는 본대
固有의淵脉은 없이 三教를 集合한것이 될것이다 그런데 이건「包含」이
라 했으니 말하자면 이 固有의精神이 본대 三教의性格을包含했다는 意
味로 解釋해야 할것이다 그리고 三教라 한것은 물론 儒佛仙인데 이 風
流道의 精神이 이미 儒佛仙의性格을 包含한것이 거니와 여기 하나 重
大問題가 들어있는것은 風流道가 이미 儒佛仙 그以前의 固有精神일진
대는 儒佛仙的性格의 各面을 內包한 동시에 그보다도 儒佛仙이 所有하

지 않은 오직 風流道만이 所有한 特色이 있는것이다 그야 꼭 特色이 있
는것이다 그런데 이 鸞碑의 斷片的數節에는 이것이 言及되지 못했으니
果然 千古의 遺憾이다 마는 글쎄 鸞碑가 이미 全文이 아니고 또 鸞碑의
撰者인 崔孤雲의 思想과 識見이 果然 여기까지 想到했을른지 그것도
疑問이다 그는 또 그렇다 하고 대관절 風流道는 그 精神이 이미 三敎의
性格을 包含했고 또 三敎以外에 獨特한 한 개의 性格을 가진것이다 이
것이 果然 玄妙한 風流道란것인데 이것을 모르고는 花郎을 모르는것이
고 新羅文化를 모르는 것이고 新羅史를 모르는 것이고 韓國文化를 모
르는것이다 그러면 風流道란 도대체 무엇인가? 앞으로 더 연구해 보아
야 할 과제이다.(金鼎卨,「風流精神과 新羅文化 ─ 風流道論緖言 ─」)

그런데, 어울림의 풍류는 어떤 것일까? 세상에 꽃을 가꾸는 마음이
며, 그런 멋을 만들어 가는 일이다. '꽃씨를 진' 백결 선생에서 배울 수
있다.

세상이 각양각색의 사람과 생각으로 다채로운 꽃밭처럼 어우러지
는 이루어진 세상. 즉,「아빠하고 나하고 만든 꽃밭에 채송화도 봉숭
아도 한창입니다. 아빠가 매어놓은 새끼줄 따라 나팔꽃도 어울리게
피었습니다」라는 생각이 거기에 있다.

김정설이 재현한 풍류의 모습 가운데 백결선생을 스토리텔링한 부
분을 보자.

(백결선생은) 그리고 자기 취미, 아니 취미라기보다는 생활은 첫째,
음악을 좋아하였었지만, 그러나 날씨나 좋고 할 때는 문을 닫고 앉아서
거문고를 타는 일은 그리 없었다. 가끔 그는 큼직막한 망태를 메고 산

으로 들로 다니면서 꽃씨를 따 모아 가지고, 꽃 없는 들판아니 산으로 돌아 다니면서 꽃씨를 따 모아 가지고, 꽃 없는 들판이나 산으로 돌아 다니면서 뿌리곤 하였다. 선생은 이 일을 무엇보다도 오히려 음악 이상으로 재미스럽게 생각하였다. 혹시 누가 멋 모르고 그것이 무슨 취미냐고 물으면 그는 『이것이 治國 平天下야.』라고 대답하는 것이었다. 이것은 선생에게 있어서는 꼭 농담만은 아니었다. 그러기에 수백리 길을 멀다 생각하지 않고 꽃씨를 뿌리러 다닐 때가 많았다. 그리고 백결선생이 망태를 메고 지나간 곳마다 온갖 꽃이 다 피어나는 것이었다. 그리고 나무나 꽃 없는 산, 그 중에도 벌겋게 벗겨진 산을 볼 때는 어떤 바쁜 일을 제쳐 두고라도 근처 사람을 불러가지고 그 산을 다 집고는 길을 떠나는 것이었다. 그리곤 사람을 벗겨두면 나랏님이 걱정하는 것처럼 산을 벗겨두면 산신님이 화를 낸다고 말했다.(김범부, 「백결선생」, 『화랑외사』)

'큼지막한 망태를 둘러메고 산으로 들로 다니면서 꽃씨를 따 모아 가지고, 꽃 없는 들판이나 산으로 돌아다니면서 뿌리곤 하는' 백결선생에게 이것이 무슨 취미냐고 물으면 '이것이 치국 평천하야'라고 대답하였다 한다.

백결선생이 지고 다니던, 꽃씨를 담은 '망태'는 포함(包含)의 정신을 상징한다. '포함(包含)'의 정신이 어울림을 만들어내는 멋-풍류(風流) 아닌가.

꽃씨를 가득 진 남자. 풍류인. 천지만물의 '무간', 모든 사상과 이념을 '포함'하는 철학은 자연과 인간의 하나로 녹아든, 섬세한, 빈틈없는 '어울림'의 미학이다.

이쯤에 당도하니, 문득 다음 구절이 떠오른다. 로버트 레드포드 (Charles Robert Redford Jr.) 감독의 영화「흐르는 강물처럼 (A River Runs Through It)」(1992) 의 마지막 대사다.

이해는 못했지만 사랑했던 사람들은 모두 죽었다. 그러나 난 아직도 그들과 교감하고 있다. 어슴푸레한 계곡에 홀로 있을 때면 모든 존재가 내 영혼과 기억, 그리고 강의 소리, 낚싯대를 던지는 4박자 리듬, 고기 가 물리길 바라는 희망과 함께 모두 하나의 존재로 어렴풋해지는 것 같 다. 그러다가 결국 하나로 녹아든다. 그리고 강이 그것을 통해 흐른다.

그렇다. 어울림은 한국인들의 심성 속에 흐르는 강물이며, 거기에는 공동의 기억과 희망이 들어 있다. 다시 말해서 오래된 미학적 윤리이 다.

# 3

한국 놀이의
현상학

# 한국 놀이의 현상학

## 1

한국인들의 일(노동)의 뒤편에서 영위되어왔던 각종 레저, 레크레이션, 게임과 더불어 놀이는 한국의 전통사회 뿐만 아니라 현대사회가 갖는 부(負)의 면을 정(正)으로 바꾸는 긍정적인 역할과 기능을 해왔다고 할 수 있다. 이 점에서 한국인들의 놀이는 한국인 자신들의 창의성, 상상력의 보고(寶庫)로서 작용해 온 것이라 하겠다. 그런 만큼 놀이는 한국인들의 행동 속에 존재하고 있는 창의적인 삶의 원리였다.

'한국인들에게 놀이는 무엇인가?' 이 물음은 놀이의 본질은 무엇인가를 묻는 것이다. 그런데 이 물음은 '한국인들에게 놀이는 어떤 현상, 양태로 있는가?'로 되물을 때 구체적인 예들을 살필 수 있다. 결국 놀이의 본질은 현상을 벗어나서 존재할 수가 없기 때문이다.

한국인의 놀이는 반복되는 현실, 일상생활의 무게-진지함 속에서 홀연히, 무질서하게 혹은 무의미하게 언제 어디서나 드러날 수 있는 평범한-흔한 현상들이다. 씨름, 활쏘기, 재기차기, 팽이치기, 윷놀이, 연날리기, 투호놀이, 쥐불놀이, 불꽃놀이, 썰매타기, 굴렁쇠 굴리기, 숨바꼭질, 동전치기, 땅따먹기, 화투, 장기, 바둑, 오목, 끝말잇기 등등. 아니 최근의 레고놀이, 오락게임, 인터넷 게임에 이르기까지 수많은 놀이가 출몰이 그렇지 않은가.

한국인의 놀이는 기본적으로 한국인들의 에토스 즉 풍류(風流)에 기반한 '유 · 희 · 완 · 락(遊 · 戱 · 玩 · 樂)'의 틀을 가지고 있다. 다양한 놀이의 저면에 자리한 에토스의 '주름들' 혹은 '결과 무늬'라 할 수 있다. 그것은 본격적인 것인 아니며 삶의 잉여이거나 가상(픽션)이고, 내면의 드러냄, 보여주기, 허리펴기, 하품하기, 기지개켜기이다.

이 속에는 독락(獨樂)과 동락(同樂)의 왕환(往還: 왕복순환)을 갖는다. 즉 두 개의 즐거움(樂)이 균형을 이루기보다 양자 모두 '허리펴기'-'기지개하기'를 통해 '마주보거나' '기대선다'. 그멀어지면 혼자 있고 싶고, 혼자 있으면 다시 같이 있고 싶어 하는 식의 의미 균형, 자기균형을 말한다. 그러나 그것은 결국 자율-능동-자유-존재 자체를 지향한다.

## 2

놀이는 존재 자체가 자신을 표현하는 방식이다. 그리고 사회, 세계와 관계하는 방식이다.

이것은 『중용』에서 말하는 '연비어약(鳶飛魚躍: 솔개는 하늘을 날고, 고기는 연못에서 뛴다)'는 말처럼, 각기 존재가 접힌/굽은 허리를 본래대로 펴는, 본성대로 기지개를 하는 방식이다.

| 魂혼(넋) | 天 ↑ | | |
|---|---|---|---|
| | 鳶飛 | 호흡(숨쉬기) | 神→申(伸) refine 허공으로 퍼지다 |
| | 魚躍 | 음식(먹기) | 鬼→歸 땅으로 돌아가다 |
| 魄백(얼) | ↓ 地 | | |

　현실적 삶 속의 일-노동-공부은 보통 괴로움을 참고 지속적으로 견딤을 강요한다. 일상은 잘 짜여진 시간표대로 사회와 관여한다. 예컨대, 『성학십도』 제10도의 설명에 들어 있는 「숙흥야매잠도(夙興夜寐箴圖)」에서처럼 일상을 의미한다.

"닭이 울어 잠에서 깨면 이런저런 생각이 연이어 일어나니, 어찌 말끔하게 정리하지 않을 수 있겠는가. 지나간 허물은 반성하고 새로 깨달은 것은 헤아려서, 순서와 갈래를 확실하게 인식한다. 기본이 갖추어졌으니 동이 트면 일찍 일어나서 세수하고 빗질하고 의관을 차리고 단정히 앉아 자세를 가다듬는다. 마음을 수습하여 마치 떠오르는 해처럼 밝게 하고, 엄숙하고 가지런하며 허심탄

회하고 고요하게 한다. 그리고 책을 펴서 성현을 대하게 되면 공자께서 자리하고 계시고 안자와 증자께서는 앞뒤에 계시다. 성현의 말씀은 공손히 듣고, 제자들이 묻고 변론한 것은 거듭하여 참고한다. 일이 닥쳐 이에 응하면 행동으로 증험되고, 천명은 환하게 빛나니 언제나 눈을 거기에 둔다. 일이 지나가고 나면 나는 예전으로 돌아가, 마음을 고요하게 하여 정신을 모으고 잡념을 버린다. 동(動)·정(靜)이 순환할 때에 오직 마음으로 응시하여 정할 때는 보존하고 동할 때는 살펴서, 마음을 둘로 나누지 않고 셋으로 나누지 않는다. 독서하는 여가에 틈을 내어 편안히 거닐면서 정신을 이완시키고 성정을 휴양하게 한다. 날이 저물어 사람이 피로하면 어두운 기운이 쉽게 타고 들어오니, 엄숙하고 단정하게 하며 정신을 명랑하게 한다. 밤이 깊으면 잠자리에 드는데 손발을 가지런히 모으고 생각을 그치면 마음과 정신은 잠 속으로 빠져든다. 야기(夜氣)를 받아 선한 본성을 기르는데, 똑바로 하면 본래의 모습으로 돌아가게 된다. 생각을 여기에 모으고 모아서 밤낮으로 노력한다."

경건함만이 지배할 경우 즐거움이 사라지고, 힘들고, 무기력해진다. 이럴 때에 놀이를 하면서 쉬면서 성정을 즐겁게 하면 긴장하고 괴로운 상황들을 잘 극복할 수가 있다.

## 3

전통적 삶 속의 도덕적 엄숙주의 또한 여유로움과 심미적인 체험으로 이어져 창의성, 상상력을 자극할 수 있다. 그래서 긴수작(緊酬酌)과 한수작(閒酬酌)의 조화가 중요하다. '수작(酬酌)'이란 원래 상대에게 서로 술을 따르면(酌) 그에 응답해서 상대가 서로 답례로 술을 따라주는(酬) 이른바 '서로 술잔을 주고받는 행위'에서 '말을 서로 주고받음'을 뜻하게 되었다. 여기서는 사유의 작업(행위)을 말한다. 따라서 '긴수작'이란, '팽팽할, 쪼일, 긴(緊)' 자에서 느끼듯이, '철학 같이 사변의 깊이나 체계적 사유를 수반하는 딱딱하고 어렵고 긴장되는 학문'을 말한다. '한수작'이란, '한가할, 조용할, 한' 자에서 느끼듯이, '시문 예술 같이 말랑말랑하고 부드럽고 느긋한 예술적 취미활동'을 말한다. 놀이에서도 예외가 아니다.

물론 놀이는 인간과의 관계 방식만이 아닌, 자연과도 이루어진다. 예컨대 회재 이언적은 「임거십오영(林居十五詠) 을미(乙未)」 가운데 제 12수인 〈독락(獨樂)〉에서 이렇게 읊는다.

> 벗들 다 떠나버려 뉘와 함께 시 읊기 모임을 하랴.
> 바위와 새와 개울과 물고기가 내 얼굴을 익혔으니
> 이들 가운데 그지없이 기이한 것을 시로써 적으려는데
> 두견새 울어대는 가운데, 산 너머 삐죽이 달이 돋아 오르네.
> 離群誰與共吟壇, 巖鳥溪魚慣我顏, 欲識箇中奇絶處, 子規聲裏月窺山[1]

두견새 울어대는 가운데, 산 너머 삐죽이 달이 돋아 오르는 것, 바위와 새와 개울과 물고기들과 어울리며 시로 적는 등의 '독락'도 놀이인

---

1) '여기요, 나도!' 두견새도 달도, '나도 적어주세요!'하면서 끼이려는 흥취를 매우 잘 묘사하였다.

것이다. 은거하는 선비의 삶은 이렇게 '홀로-홀로 있는' 시간 즉 '고독을 즐기는' 사람인 것이다. 그러면서 자신을 성찰하고, 글도 쓰며, 자유를 찾는 것이다. 마치 릴케가 그의 시 〈가을날〉에서 「지금 혼자인 사람은 혼자로 남아서/깨어나, 읽고, 긴 편지를 쓸 것입니다.」라고 말하듯. 이언적은 다시 읊는다. 「임거십오영(林居十五詠) 을미(乙未)」 가운데 제 13수인 〈관심(觀心)〉이다.

> 텅 빈 산골 한 밤중
> 갓과 옷을 단정히 차려입고 앉으니,
> 한 점 푸른 등잔불과 한결같은 마음.
> 본체는 이미 밝은 곳으로부터 징험해야 하는 법.
> 진리의 근원은 다시금 고요함 속으로 눈 돌려 찾으리.
> 空山中夜整冠襟, 一點青燈一片心, 本體已從明處驗, 眞源更向靜中尋

궁극적으로 '진리의 근원'이 '고요함 속으로 눈 돌려 찾아' 들어가듯, 놀이도 존재 그 자체에 시선을 둔다.

| | |
|---|---|
| 독락<br>(獨樂) | 구심적, 즉자적, 자연과 인간을 벗어난 타자의 세계, 수신(修身)의 樂(樂을 회복), 인간의 자연화, 방랑, 유랑, 대화<br>한수작(閒酬酌, 느슨하게 시를 쓰고, 유랑)- 게임, 춤 |
| 동락<br>(同樂) | 원심적, 대자적, 인간의 세계로 깊이 들어가는 치유, 치인(治人)의 樂(Ego를 잊거나 찾기), 인간의 사회화(다중의 판단기준)<br>긴수작(緊酬酌, 철학적 논리작업)- 독서, 성찰 |

# 4

호모루덴스(homo ludens) 즉 '놀이하는=유희(遊戲)하는=노는 인간'을 제창한 네덜란드의 문화사학자(文化史學者) 요한 하위징아(Johan Huizinga, 1872~1945)가 『호모 루덴스—유희에서의 문화의 기원』(1938)에서 말한다. 「놀이는, 자발적인 행위 또는 업무 그것은 어떤 딱 정해진 시간과 장소의 한계 속에서 저절로 진행되고 수용되고 또한 절대적으로 의무지워진 규칙에 따라 수행되어, 그 자체로 목적을 가지고서 긴장과 환희의 감정으로 채워진다. 하지만 '흔한 생활'이란 '특이한 것이다'라는 의식을 수반하고 있다.」 이 점은 한국인에게서도 마찬가지이다. 놀이는 나름의 룰을 바탕으로 한 '유지(遊知: 놀이의 지식 → 놀이학)'를 가지고 잇고, 거기서 '유능(遊能: 놀이의 능력 → 놀이의 현상학)'을 드러낸다.

빈 미술사미술관에 걸려있는 피터 브뤼겔(또는 피테르 브뢰헬) 의
「아이들의 놀이」(1560, 빈 미술사 박물관)를 보면 500년전 네덜란드
의 모습이 우리의 어린 시절과 별반 다르지 않은 것 같다. 굴렁쇠 굴리
기, 말타기, 팽이돌리기, 가마타기, 꼬리잡기, 팔씨름, 장애물 뛰어넘
기, 철봉에 매달리기 등등 200여명의 아이들이 90여가지의 놀이에 빠
져있다.

우리 풍속화에서도 마찬가지이다. 예컨대, 국립중앙박물관 소장 단
원(檀園) 김홍도(金弘道. 1745-?)의 풍속화첩(18세기 후반) 속의 「씨
름」, 「활쏘기」, 「고누놀이」, 그리고 「시주」를 보자.

① 씨름    ② 활쏘기    ③ 고누놀이    ④ 시주

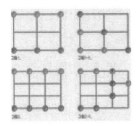

①씨름과 ②활쏘기는 일반적으로 알려진
것인데, ③고누놀이는 사방 30cm쯤 되는 널
빤지에 고누판을 그리고 붉은 말, 푸른 말
을 만들어 노는 놀이이다. 야외에서 놀 때에
는 성냥개비 조약돌 등을 가지고 땅바닥에
줄을 그어놓고 놀 수도 있다. 고누는 밭머리, 공원 등 어느 곳에서든지
손쉽게 즐길 수 있다. 고누는 선후를 정하고 말을 쓴다. 약자선수(弱者
先手)라고 수가 낮은 사람부터 시작한다. 상대편 말을 수를 써서 포위

하거나 떼어내는 것이 일반적인 놀이법이다. 그 종류에는 밭고누 · 강고누 · 네줄고누 · 곤질고누 · 패랭이고누 · 줄고누 · 호박고누 · 참고누 · 네바퀴고누 · 팔팔고누 · 포위고누 · 장수고누 · 왕고누 등이 있다.[2]

다음으로 ④에는 보통 「시주」라는 제목으로 알려져 있지만 내용을 자세히 보면 동전을 던져서 점을 치던 척괘(擲卦)=척전(擲錢)의 모습이 보인다. 척괘는 척점(擲占)이나 점괘(占卦)라고도 한다. 구걸을 하는 승려나 거사(居士)[3]들이 생계를 위해서 사주 관상 손금 척점(擲占) 신사(神祀) 등을 배워서 행했던 양상의 단면을 볼 수 있다. 척괘는 시초(蓍草) 대신에 동전이나 혹은 윷을 던져서 점을 치던, 일종의 놀이이다.

오명현(吳命顯)의 「점괘도(占卦圖)」. 개인소장

---

2) 다음 백과사전 참조.
3) 거사지명(居士之名) 거재지사(居在之士)의 준말. 집에 있으면서 불도를 닦는 자(在家之佛道者)를 말한다.

## 5

이처럼 한국에서 놀이는 곳곳에 침투해 있다. 세상과 인간의 '사이(間)' 좋음 - '어울림(際)'의 방식이다. 이규보는 물아상구(物我相求: 사물과 내가 서로 돕는다)라는 생각(『동국이상국전집』제21권 「소연명(小硯銘)」)을 했다. 그리고 그는 생명 있는 것들(有血氣者)이 '생명을 같이하기에 아픔을 똑 같은 것(均血肉, 故其痛則同)'이라고 본다(『동국이상국전집』제21권 「슬견설(蝨犬說)」). 모두 어울림의 철학이다.

서화담 또한 '사물은 서로 의지하는 존재'(物物賴相依)(『화담집』하, 「천기(天機)」)라고 보았다. 이렇게 서로서로 의지하며 도와주며 사는 것이 편들어주고, 거들어주기 아닌가. 품앗이, 계, 두레, 향약의 사상은 이런 데서 나온다.

우리는 성품이 너그러운 것을 '어질다'고 한다. 까다롭게 따지지 않고 느슨한 듯 놓아두면서 상황에 맞춰서 판단하거나 행동하는 것을 말한다. 이런 사람을 속이 너른 포용력 있는 '어진 사람'이라 한다. 인(仁)을 '어질다'로 새기는데, 이것은 우리 식의 훈독법이다.

다산 정약용은 '인(仁)'을 사람과 사람 사이(間)에서 생기는 윤리적 능력(덕)인 동시에 사람과 사람의 어울림(際)에서 생기는 규범개념으로 인식한 바 있다(仁之爲德生於人與人之間, 而仁之爲名成於人與人之際)(「중용강의보」제1권)

양촌(陽村) 권근(權近. 1352-1409)의 「천인심성합일지도(天人心性合一之圖)」에서, 불교적 연기(緣起)-공(空)의 '무(無)'(=허무론)적 논의에 대항하는 일상일용의 인륜적 토대 그리고 직립보행하는 인간을 구상하듯이, 놀이는 사회에 관계하면서 개체로 독립한 인간을 지향한다.

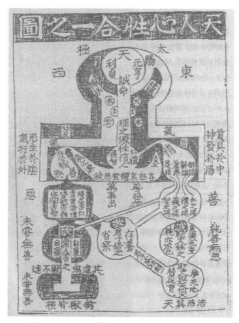

『天人心性 分釋之圖』 중 「天人心性合一之圖」

6

놀이는 홀연 자신의 직립보행하는 인간의 모습처럼 그 양상을 드러낸다. 수직(계층-질서)의 사회에서 수평(평등-혼돈)으로 말을 걸어온다. 놀이는 그 자체로 룰과 의미로 목적을 갖는다. 마치 예악에서 '예(禮)'가 수직이라면 '악(樂)'이 수평인 것처럼 말이다.

| 禮 | 分別 · 区別 · 位階 · 距離 · 恭敬 · 格差 · 垂直 · 外面 · 規律 · 敬虔 | 分 · 異-相敬 : 秩序 |
|---|---|---|
| 樂 | 和合 · 同和 · 同流 · 親密 · 親愛 · 同等 · 水平 · 内面 · 和平 · 悦楽 | 和 · 同-相親 : 調和 |

우리 유행가에서 '노세 노세 젊어서 놀자 늙어지면 못 노나니. 화무
십일홍(花無十日紅) 달도 차면 기운다'처럼, 놀이는 놀이 그 자체로
목적과 룰을 갖는다. 그 룰은 '소요유'하려는 인간과 사물의 본성을 반
영한다. '해도 달도 차면 기운다'='일월영측'(日月盈昃)하는 '사물의
자연'이다. 자연의 실현이다. 그래서 놀이는 사회-세계와 자아가 '우
연히'-'문득'-'홀연' 자유스럽게 관여한다. 마치 노래 〈그 집앞〉(현제
명曲 / 이은상詩)에서 처럼 말이다.

> 오가며 그 집 앞을 지나노라면
> 그리워 나도 몰래 발이 머물고
> 오히려 눈에 띌까 다시 걸어도
> 되 오면 그 자리에 서 졌습니다.

특별한 의도 없이 그 자리에 다시 오고, 갔다가 다시 오는 그런 즐
거움과 흥미로움이 놀이에 내재해 있다. 마치 혜산(蕙山) 유숙(劉淑.
1827~1873)의 「대쾌도(大快圖)」(1836, 서울대학교박물관 소장)에서
처럼, '대쾌(大快)' 즉 모두 크게 한 바탕 기쁘고 즐거우면 된다. 기쁘
고 즐거운 자리가 놀이의 본래 모습이다. 씨름과 태견으로 대련하는
장면을 그린 이 그림에는 씨름판을 둘러싸고 흥미롭게 지켜보는 다채

로운 인물들의 즐거운 모습, 즉 나막신을 벗고 장죽(長竹)을 문 노인,
엿 파는 총각, 술파는 노점상, 성벽 후미진 곳에 방뇨하는 소년 등등을
살필 수 있다.

놀이는 독락과 동락의 왕환 구조를 가지며 이것은 의상대사가 자신
의 법성게(法性偈)를 요약한 '행행도처, 지지발처'(行行到處, 至至發
處: 걸어도 걸어도 그 자리, 가도 가도 떠난 자리)를 닮아있다.

서편제 속의 사철가에서는, "백 년을 산다고 해도 병든 날과 잠든 날
걱정 근심 다 제허면 단 사십도 못 살 인생"이니 그저 놀자고 한다. 한
국인의 놀이의 탄생은 이런 것이다.

이산 저산 꽃이 피니 분명코 봄이로구나.

봄은 찾어 왔건마는 세상사쓸쓸허드라.

나도 어제 청춘일러니 오날 백발 한심허구나.

내 청춘도 날 버리고 속절없이 가버렸으니

왔다 갈줄 아는 봄을 반겨 헌들 쓸데있나.

봄아 왔다가 갈려거든 가거라.

니가 가도 여름이 되면 녹음 방초 승화시라.

옛부터 일러있고 여름이 가고 가을이 돌아오면

한로삭풍 요란해도 제 절개를 굽히지 않는 황국단풍도 어떠헌고.

가을이 가고 겨울이 돌아 오면 낙목한천 찬 바람에

백설만 펄펄 휘날리어 은세계가 되고보면 월백 설백 천지백허니

모두가 백발의 벗이로구나.

무정 세월은 덧없이 흘러가고 이내 청춘도

아차 한 번 늙어지면 다시 청춘은 어려워라.

어~어~ 어화 세상 벗님네들 이네 한 말 들어보소

인생이 모두가 백 년을 산다고 해도

병든 날과 잠든 날 걱정근심 다 제허면

단 사십도 못 살 인생, 아차 한 번 죽어지면 북망산천의 흙이로구나

사후에 만반진수는 불여 생전의 일배주 만도 못허느니라

세월아 세월아 세월아 가지 말어라 아까운 청춘들이 다 늙는다.

세월아 가지마라. 가는 세월 어쩔거나.

늘어진 계수나무 끝끝어리에다 대랑 매달아 놓고

국곡투식 허는 놈과 부모불효 허는 놈과 형제화목 못허는 놈,

차례로 잡어다가 저 세상 먼저 보내버리고 나머지 벗님네들

서로 모여 앉어서 한 잔 더 먹소 덜 먹게 허면서

거드렁거리고 놀아보세.

그래서 놀이는 '있음의 본성'을 실현하여 수평의 어울림을 지향한다.

한시를 이루는 한자들을 원이나 사각형으로 배치한 시(詩)를 선기도(璇璣圖)라 하는데, 이것은 이렇게 읽어도 저렇게 읽어도 통한다. 「선기도」는 남북조 시대 전진(前秦)의 소약란(蘇若蘭)이 유배를 간 남편 두도(竇滔)를 그리워하며 오색실로 수놓아 만든 841자로 된 시이다. 그런데 이것은 돌려가며 읽을 수도 있고, 하나씩 건너 뛰어 읽어도 시어가 연결되어 읽어 낼 수 있는 시는 전체 7958수이다. 「선기도」는 「직금회문(織錦回文)」이라고도 부른다. 회문(回文)이란 한시체(漢詩體)의 하나로서 위아래 어느 방향으로 읽어도 뜻이 통하는 글의 한 형식이다.

이것은 마치 최근에 대학이나 사회에서 흔히 사용되는 「사용자가 시간과 장소에 구애받지 않고 자유롭게 네트워크에 접속하는 것」의 뜻인 '유비쿼터스'(Ubiquitous)와 흡사하다. 유비쿼터스란 라틴어 '어디든지'·'도처에'(everywhere)라는 뜻의 '유비쿼(ubique)'에서 유래한 용어로서 '어디서나(every where) 존재한다'는 의미이다. 유비쿼터스적 발상법은 「법계도(法界圖)」혹은 「선기도(璇璣圖)」에서 읽어 낼 수 있다. 최근 버클리 캘리포니아대 동아시아도서관에서 발견한 『규방미담(閨房美談)』에는 조선시대 여인들이 선기도의 한자를 바탕으로 한시를 짓는 게임을 좋아했음을 알 수 있다. 우리 조상들의 사고 속에도 빙글빙글 돌고 도는 세상에 대한 인식이 보인다.

## 7

결국 놀이는 다양한 현상을 통해서 사회의 어울림, 화합을 만들어 내는 원리로 작동할 수 있는 것이다.

세상이 각양각색의 사람과 생각으로 다채로운 꽃밭처럼 어우러지는 세상. 즉,「아빠하고 나하고 만든 꽃밭에 채송화도 봉숭아도 한창입니다. 아빠가 매어놓은 새끼줄 따라 나팔꽃도 어울리게 피었습니다」라는 생각이 거기에 있다.

놀이는 추임새를 수반한다. 추임새란 판소리를 부를 때 고수(鼓手)가 흥을 돋우기 위하여 발(發)하는 조흥사(助興詞)인데, 서양음악에서는 찾아 볼 수 없으며 국악에만 있는 독특한 요소이다. 추임새는 북치는 사람이 소리의 구절 끝에서 〈좋다·좋지·으이·얼씨구〉 또는 〈흥!〉과 같은 조흥사와 감탄사를 발함으로써 흥을 돋구고, 또 다음 구절을 유발하는데 도움을 준다. 추임새는 겉은 말이라도 장면에 따라 표현 방법이 다르고, 아무데서나 남발해서도 안 된다고 한다. 마찬가지로 놀이에도 추임새 같이 룰을 갖는다. 그러나 그 룰은, 마치 추임새가 흥을 돋우는데 목적을 두듯, 놀이 자체의 판을 만들고 재미를 이루어가는 데 목적이 있다.

김소월의 시 「엄마야 누나야」는 읊는다.

    엄마야 누나야 강변 살자
    뜰에는 반짝이는 금모래빛
    뒷문 밖에는 갈잎의 노래
    엄마야 누나야 강변 살자

화자(아마도 소년)는 엄마, 누나와 함께 강변에서 살고 싶은 소망을 드러낸다. 그러나 분명한 이유는 없다. 그냥 '하고 싶은' 것이다. 그러면서 일정한 룰을 가지고 타자, 세상과 관여한다.

로버트 레드포드(Charles Robert Redford Jr.) 감독의 영화「흐르는 강물처럼 (A River Runs Through It)」(1992) 의 마지막 대사를 떠올려 보자.

> 이해는 못했지만 사랑했던 사람들은 모두 죽었다. 그러나 난 아직도 그들과 교감하고 있다. 어슴푸레한 계곡에 홀로 있을 때면 모든 존재가 내 영혼과 기억, 그리고 강의 소리, 낚싯대를 던지는 4박자 리듬, 고기가 물리길 바라는 희망과 함께 모두 하나의 존재로 어렴풋해지는 것 같다. 그러다가 결국 하나로 녹아든다. 그리고 강이 그것을 통해 흐른다.

결국 놀이는 한국인들의 에토스 즉 풍류(風流)에 기반한 '유 · 희 · 완 · 락(遊 · 戲 · 玩 · 樂)'을 거두어 흐르는 강물이며, 거기에는 한민족 공동의 기억, 자유와 자율의 희망이 녹아들어 있다. 다시 말해서 놀이는 인간과 사회와 자연과 세계에 관계하는 '오래된 미학적 존재론' 인 것이다.

# 4

## '흥'과 '예의'의
## 미학

# '흥'과 '예의'의 미학

## 1) '흥'에 대하여

• 경상남도 울주 〈반구대 암각화〉: "신화 속에서 숨 쉬는 '고래-
   고래잡이의 흥, 그 기억을 더듬다."

「텨……ㄹ썩, 텨……ㄹ썩, 텩, 쏴……아./싸린다, 부슨다, 문허바린다.」
[처……얼썩, 처……얼썩, 척, 쏴……아./때린다, 부순다, 무너버린다.]

망망대해가 몰아쉬는 숨결인 파도 한자락. 끊임없이 바닷가의 돌과
바위를 때리고 있는 광경이다. 최남선의 시 「海에게서 少年에게」[1]의
첫머리 아닌가.

---

[1] 崔南善, 『少年』第1年 第1卷, 1908(『少年』上, 문양사, 1969), 2쪽.

친일로 돌아서기 훨씬 이전 소년 시절, 최남선은 『소년』지 창간을 통해 문명의 희망과 빛을 전해주는 통로로 '바다[海]-대양(大洋)-해양(海洋)'에 주목할 것을 환기시킨 바 있다. 3면이 바다인 우리 민족이 '해왕(海王)'='영국의 해군'의 성취에서 힌트를 얻고 '바다'에서 희망과 상상력을 찾으라는 말이었다. 그렇다. 우리에게도 일찍 '바다'를 향한 꿈이 있었다.

푸른 바다 한가운데, 등에서 물을 뿜어내며 거친 파도를 가로지르는 고래의 거대한 몸짓을 바라보던 우리 선조들. 경이로움을 느꼈으리라. 얼마나 흥겨운 바다의 광경이었을까? 고래는 우리의 기억 속에 잊혀진 바다의 추억과 함께 화석이 돼버린 채로 있었던 것이다.

이것은 우리의 삶에서 고래를 '거대함', '역동성', '높은 지위' 등을 상징하는 데서도 알 수 있다. 최근 우리 사회에서 유행했던 '칭찬은 고래도 춤추게 한다.'는 말은 작은 칭찬 한마디가 커다란 덩치의 고래마저 움직일 정도라는 은유이다.

고래는 양적으로 '큰 것'의 상징인 것이다. 「이 사람은 술고래다. 큰 사발에 줘야 한다(此人鯨也, 宜用大鉢)」[2]처럼, 술 마시는 양이 굉장함을 고래의 큰 덩치로 먹는 물의 양에 비유한다. 「고래싸움에 새우 등 터진다(鯨戰蝦死)」[3]는 것은 새우의 작은 존재에 대비되는 고래의 거대함을 대비한 것이다. 아울러 권세가의 대궐 같은 기와집을 '고래등 같은 집'이라 표현하는데, 검은 기와로 지은 근사한 집 모양이 마치 고래의 등과 같음을 말한 것이다.

---

2) 『朝鮮王朝實錄』「端宗 1년」조.
3) 成渾, 『牛溪先生續集』卷1, 「與鄭季涵」.

우리의 일상적 언어습관에서 고래의 형상은 외형적인 특성에 그치
지 않고 이상향의 상징으로 그려지기도 한다.

> 술 마시고 노래하고 춤을 춰 봐도 가슴에는 하나 가득 슬픔뿐이네.
> 자, 떠나자 동해바다로 신화처럼 숨을 쉬는 고래 잡으러

송창식이 부른 〈고래사냥〉의 일부분이다. 고통스런 현실에서 '술 마
시고 노래하고 춤을 춰 봐도' 가슴 가득한 슬픔은 사라지지 않기에, 꿈
에서 본 '신화처럼 숨을 쉬는' 작은 고래가 있는 동해로 떠나려 한다.
꿈을 담은 고래가 사는 바다는 동해만이 아니었다. 옛 기록에서는 「아
득 아득 마한 땅, 여기 저기 고래 노는 바닷가(渺渺馬韓地, 區區鯨海
濱)」⁴⁾처럼, 마한 땅의 서해안에서도 고래는 노닐고 있었다. 3면의 바
다, 고래가 있는 풍경. 우리가 '잃어버린/잊어버린' 그리운 옛 바다의
'신화(神話)' 아닌가.

이 신화 속의 고래는 경상남도 울주에 있는 반구대 암각화에서 '신
화(神畫)'의 원형으로 남아있다. 잠시 이 광경을 상상해본다.

[6천년 전으로 거슬러 태화강 지류를 따라 대곡천으로 가면, 반구대
앞에 방금 고래 사냥을 마치고 돌아온 포경선이 나타난다. 포경선 주
위로 웅성이는 사람들을 비집고 들어가니, 지느러미 아래 창살이 꽂
힌 고래(🐋)가 비틀대고 있다. 고래 사냥꾼들은 배보다 큰 고래를 잡기
위한 사투를 이야기(🎣)할 때마다 사람들의 함성은 반구대를 부딪치

---

4) 權近, 『陽村先生文集』卷1, 「馬韓」.

는 파도처럼 온 마을을 흔든다.

저녁 무렵, 사람들은 분주히 무엇인가를 준비하기 시작하고, 새벽이 다가오자 사람들은 하나 둘씩 절벽 앞 제단에 모여든다. 이윽고 대곡천을 붉게 물들인 태양이 돌병풍 같은 절벽위로 떠오르자 제사장은 암벽을 향해 절을 올리며 제의의 시작을 알린다. 사람들은 암벽에 새겨진 고래 떼를 향해 악기를 연주( )하고, 춤을 추는( ) 주술적인 퍼포먼스를 펼친다.

암벽에 새겨진 하늘을 승천하는 고래 떼 중에는 힘차게 물을 뿜어대는 북방 긴수염고래( )와 배 주름을 드러낸 흑등고래( ), 향유고래( )⁵⁾ 등이 암벽을 뚫고 나올 듯한 기세를 드러낸다. 또한 새끼와 함께 유영하는 고래( )( )를 보며 풍요로움이 신성화되고, 그 옆으로 거대한 고래를 포획하는 고래사냥의 모습( )( )에서 고래와의 사투에서 승리한 사냥꾼들의 흥이 일어난다.]

이처럼 고래 그림은 인간의 상상에 의해 창조된 그들의 신상(神像) 이야기 즉 신화(神話)가 새겨진 신화(神畵)이다.⁶⁾ 그 신상에 그려진 꼬리를 철썩이며 헤엄을 치거나 수면위로 올라와 물을 뿜는 고래의 모습은 사람들이 부르는 노래 소리에 일어나는 고래의 흥이다. 차츰 사람들의 노래 소리가 커지고 팔과 다리를 힘껏 펼치며 날아오를 듯

---

5) 울산암각화박물관, 『울주 대곡리 반구대암각화』, 울산암각화박물관, 2013, 192-193쪽 참조.
6) "신화(神話)가 새겨진 신화(神畵)"라는 표현은 김열규의 "신화론(神畵論)이 신화론(神話論)을 겸전해야 한다."라며 신화(神畵)에서 신화(神話)의 이야기를 풀어낸다는 견해를 따른 것이다. 김열규, 『기호로 읽는 한국 문화』, 서강대출판부, 2008, 125쪽 참조.

한 춤은 바다를 진동시키는 흥으로 고조되는 순간, 오랜 사투 끝에 창살을 고래의 심장에 겨누어 포획에 성공하여 내지르는 그들의 함성이다.

암벽에 그려진 푸른 바다를 가르는 큰 덩치의 고래, 그리고 그 고래를 잡이를 기원하고 잡은 고래로 축제를 열던 선조들의 흥은 6천년이 지난 지금에도 살아 숨 쉬고 있다.

'신화처럼 숨을 쉬는' 고래. 그것이 주술적인 흥의 퍼포먼스로 노래방에서 가끔 '고래사냥'의 노래로 살아나지만, 우리 문화 속에 살아 숨 쉬는 바다-해양 문화의 무늬와 결 아닐까.


## 원효의 無碍歌 · 無碍舞 "흥과 재미를 통한 걸림없는 대중 교화"

오늘날처럼 인터넷이라는 가상공간에서 정보를 공유하기 전, 즉 아날로그시대의 정보는 주로 5일 간격으로 열리는 '장터'에 모인 사람들의 귀와 입을 통해 산골 구석까지 퍼져나갔다.

장터는 그 때 그 때 필요한 어떤 정보가 있는 일정한 장소이다. 이곳은 지금의 인터넷의 쇼핑 '사이트'(site)에서 볼 수 없는 '표정'이 살아 있고 '잡음'이 살아 있다. 사람과 사람 '사이'에서 살아 숨쉬는 '사이트'이다.

여기에는 노래 · 외침 · 고함 · 아우성 · 호통 · 중얼댐 · 잔소리 · 다툼 · 한숨 · 신음 · 비명 · 굉음 · 호흡 · 웃음 · 헛기침 등등 온갖 인간과 물건과 동물들의 잡음과 소음들이 배경으로 깔려 있다. 그것은 생명의 잡음이자 소음이다.

그 뿐 아니다. '장터'에는 얼굴 표정 · 몸짓 · 손짓 · 발짓 · 눈빛 · 걸음걸이 · 입 모양 등등 신체의 선율과 리듬, 그리고 결과 무늬가 살아 있는 곳이다. 이런 배경이 되는 소리와 몸 동작을 통해 흥정과 대화 같은 소통이 이루어진다.

해가 뜰 때 시작되어 해가 질 때 끝나는 장날은 우리네 어머니와 할머니의 놀이터였다. 이 놀이터는 시장바닥의 삶이 걸림 없이 펼쳐진다. '그게 그거다'라는 달관과 큰 어우러짐의 흥이 있는 곳이다. 이런 시장판에는 어김없이 엿장수 가위질에다 "어얼씨구 저얼씨구 들어간다. 작년에 왔던 각설이 죽지도 않고 또 왔네."라며 흥을 돋우는 〈각설이 타령〉이 들리기 마련이다.

각설이패들이 벌인 '판'은 장터를 '난장(亂場)'으로 이끈다. '난장판'이다. 장을 보러온 사람도 물건을 파는 사람도 너나없이 노래와 춤을 추는 통에 장터가 들썩거린다. 천 조각을 꿰매어 입은 남루한 차림의 각설이들은 바가지를 차고 익살스런 표정으로 춤과 노래를 부른다. 그들의 허리춤에 매달린 바가지는 동냥을 받는 금고이자 밥그릇으로, 걸식을 상징한다. 동작마다 허리춤에서 나오는 '딸각'소리는 '나는 누구인가? 나는 무엇을 하는가?'를 각성시키는 소리이다. 자신이 자신임을 인식하게 바가지 소리는 바로 중생들을 일깨우는 목탁소리이다.

지금으로부터 천년을 거슬러 가자. 거기 커다란 방갓을 쓰고 바랑을 짊어진 한 거사가 저잣거리에 바가지[=호로(葫蘆) 혹은 뒤웅박]를 두드리며 부르는 노래를 들을 수 있다. 바가지의 리듬에 따라 '일체 걸림 없는 사람이 단박에 삶과 죽음을 벗어났도다(一切無㝵人, 一道出生死)'(『三國遺事』卷4「元曉不羈」)라는 무애가(無碍歌)를 부르고, 그 선율에 몸을 실어 무애무(無碍舞)를 추고 있는 원효대사(元曉大師)

를 발견 할 수 있다. 그의 호로는 불구(佛具)이며, 무애가는『화엄경(華嚴經)』의 게송으로, 그는 자신의 깨달음인 '걸림 없는 자유[無碍]'를 노래와 춤으로 표현하였다. 한마디로 무애의 퍼포먼스(악기, 노래, 춤)는 걸림 없는 자유의 홍을 표현한 것이다.

원효가 불교 대중화를 위한 가무로 시작한 무애가 · 무애무는 처음에는 간단한 형식의 민중적 성향의 가무였을 것이다. 이것이 고려시대에 이르러서는 궁중으로 유입되어 향악정재(鄕樂呈才)로 바뀐다. 즉 궁중과 귀족층 대상의 가무로 격식화된다는 말이다. 조선시대에는 정재로 이어지다가 억불숭유 분위기로 해서 뜸해지다가 순조 때에 재개된 바 있다. 해방 이후 정재 재현작업으로 현재로 계승되어 오고 있다.

원효의 삶은 무애의 실천을 통한 깨달음이다. 그는 일체의 굴레에서 벗어난 자유로움은 원효가 실계(失戒 즉 요석공주를 아내로 맞아 설총을 낳은 일)한 뒤로 승복을 벗고, 스스로를 '근기가 작은 남자[小姓居士]'라 일컬으며 방랑의 길을 떠나는 것으로부터 시작된다. 그는 우연히 광대의 바가지 놀이를 보고, 깊은 인상을 받는다. 그리고는 자신도 바가지를 들고 동네에 들어가 밥을 빌어먹고, 어디서나 사람들이 모이면 바가지를 두드리며 노래와 춤을 추며 사람들에게 불법을 전했다. 이러한 걸림 없는 실천[無碍行]은 바로 중생과 부처, 귀족과 백성이 하나라는 통찰에 의한 것이다. 특히 그는 화쟁(和諍)의 방법을 제시함으로써 모든 상대적인 인식과 중생의 마음을 화회(和會) · 회통(會通)시키고자 하였다. 화쟁은 너와 나 그리고 있음과 없음 등의 모든 상대적인 것들을 원융(圓融)케 하는 것이다. 중생의 마음이 각각 다르다면 원융과 조화가 이루어질 수 없다. 원효는 중생의 마음을 하나로 만들기 위해 계층, 성별, 노소의 구분 없이 모두가 회통할 수 있는 방법을 노래와 춤을 통해 구현하였다. 무애가의 울림이 너와 나를 하나로 이어주고, 무애무의 손짓, 발짓이 인간과 천지만물의 조화를 이룰 때가 바로 원융을 실현하는 것이다.

이광수의 소설 『원효대사』에서 이러한 점을 이렇게 표현하였다: "성인은 그 누구며, 범부는 그 누구냐. 유정(有情) 무정(無情)이 모두 불성이다. 한 마음으로 나톤 중생 부처 아닌 이 어디 있나.… 현세 즉 극락이라 이 아니 보국(報國)이냐. 어허 기쁜지고 지화자 좋을씨고. 법고 둥둥 울려 한바탕 춤을 추자." 노래를 끝내고 원효가 춤을 추니 사백 명 대중도 모두 일어나 춤을 추었다."[7]

원효의 노래는, 부처의 '원음(圓音: 누가 들어도 이치에 맞는, 둥글고 부드러운 말씀)'처럼, 소중한 나의 삶이 또한 나와 다른 상대를 인정하고 배려하여 융화된 마음을 갖게 하였다. 그는 세상의 모든 사람이 부처의 불성을 지닌 소중한 존재이며, 그들이 사는 세상인 현실이 바로 극락이라 하였다. 모든 중생이 부처인 이 세상에 한 마음 한 뜻으로 둥근 소리를 낼 때, 나의 기쁨이 너의 기쁨이 된다. 이 때문에 절로 우쭐우쭐 어깨춤을 추고 덩실덩실 손과 발을 움직이며 원융의 순간을 누릴 수 있는 것이다.

이렇듯 천년전 원효의 두드림은 걸림 없는 자유의 흥이다. 가끔은 "작년에 왔던 각설이 죽지도 않고 또 왔네."라는 가사를 흥얼거리며, 원효의 두드림이 도래하는 순간을 상상해보자. 이렇게 그의 흥을 그려봄도 좋을 것이다.

---

7) 이광수, 『원효대사』 청산미디어, 2012, 344쪽.

〈慶山 帝釋寺의 元曉팔상탱화 가운데 無㝵舞〉

## 상생의 흥, 김덕수의 '사물놀이패' "두드림으로 종횡무진 삶의 내면을 맺고 풀다"

'사물놀이', 오늘날 전통예술 가운데 관중과 함께 호흡하는 공연예술이다. 사물이란 북·장구·징·꽹과리 네 가지 타악기이다. '사(四)' '넷'은 우리 문화와 친숙하다. 장삼이사(張三李四), 조삼모사(朝三暮四), '사통팔달(四通八達)'의 '4'와, 유행가 '네 박자'의 '넷' 등. 네 가지 종류의 악기가 궁합을 맞춰 잘 어울린 놀이를 '사물놀이'라 한다.

본래 '사물(四物)'이란 불교 의식 때 사용하는 도구인 '법고(法鼓)', '운판(雲版)', '범종(梵鐘)', '목어(木魚)'로 네 가지의 의식용 타악기이다. 불교에서는 깨달음을 얻지 못한, 사람을 포함한 뭇 생명들을 중생(衆生. sattva)이라 부르는데, 이들은 시방세계(十方世界: 동·서·남·북·동북·동남·서북·서남·위·아래)에 존재한다. 따라서 사물을 치는 것은 이들 중생을 제도하기 위한 소리 공양이다. 법고는 땅 위에 사는 중생을, 범종은 하늘에 사는 중생을, 목어는 물속에 사는 중생을, 운판은 허공에 날아다니는 중생을 제도하려는 것이다. 치는 순서는 〈①법고→②범종→③목어→④운판〉의 순이다.

오늘날 사물놀이는 이러한 불교의식에서 중생을 구제하기 위한 '사물'을 네 가지의 우리 민속악기로 대체한 것이다. 네 가지가 종교적 의미에서 민속적 전통예술로서 거듭나고, 한국의 대표적 공연예술로 발전한 것이다.

1978년 2월 28일 소극장 공간사랑에서 열린 국악인 최태현(북), 김덕수(장고), 이종대(징), 김용배(꽹과리)로 구성된 연주자들이 웃다리 풍물가락을 발표했고, 이 공연을 관람한 민속학자 심우성씨가 '사물(四物)놀이'라는 이름을 처음 지어주었다고 전한다.[8] 당시 그들이 공연한 풍물가락은 야외에서 여러 사람의 춤사위와 함께 연주하는 풍물굿을 변형한 것이다. 그들은 야외에서의 춤을 추며 연주하는 공연을 실내에 앉아서 춤사위 없이 공연하였다. 이렇게 풍물굿을 변형한 연주는 성공을 거두었고, 30년이 지난 지금 사물놀이 단체가 헤아릴 수 없을 정도로 많다.

---

8) 네이버 검색창 참조.

　이처럼 사물놀이는 명칭에서의 변용뿐만 아니라 음악에서도 양식과 형식의 변형으로 탄생된 것이다. 이러한 변형은 단순한 원형의 변화가 아니라, 원형의 재창조를 의미한다. 그리고 재창조의 힘은 우리 민족의 어울림에 있다. 풍물굿의 원형은 농악이며, 농악의 기원은 삼국시대 이전부터 농사를 생업으로 하면서 행한 제천의식에 있다. 풍성한 수확을 기원하기 위해 하늘에 축원을 올릴 때 행하던 음주가무에 관한 기록에서 농악의 형태를 엿 볼 수 있다.[9)]

　『삼국지(三國志)』「위서(魏書)」의 기록 가운데, 마한 지역의 파종기가 끝난 5월, 풍작을 기원하는 의식에서 모든 사람들이 춤과 노래로 어울리는 장면이 나온다. 의식을 지내고 무리의 사람들이 발을 도약하면서 앉았다 일어났다 하고 손은 폈다 굽혔다 하는 단순한 동작을 반복한다. 그들의 군무는 발돋음과 손동작을 통해 서로 호흡을 이루어 나가는데, 그 동작과 리듬이 마치 탁무(鐸舞)와 같다[10)]고 기록되어 있다. '탁무' 즉 '무용을 위주로 타악기를 두드리는' 형태에서 농악의 기원을 알 수 있다. 풍작을 기원하는 제천의식에서 탁무는 비일상적인 시공간에서 연행되는 공동의 행위이다. 함께 리듬에 맞추어 춤을 추는 동작을 통해 너와 내가 어울리는 소통의 장이 구현된다. 농사일의 고단함을 잊고 함께 어우러지는(=화합하는) 축제 분위기는 악기의 두드림을 통해 절정에 이른다. 비록 당시의 농악이 지금의 형태를 갖추지 않았지만, 타악기의 사용과 풍작의 목적에서 농악의 형태와

---

9) 김익두 엮음, 『풍물굿연구』, 지식산업사, 2010, 47쪽에서는 제천의식에서의 탁무를 농악의 기원으로 다루고 있다.

10) 陳壽, 『三國志』「魏書」: 常以五月下種訖, 祭鬼神, 羣聚歌舞, 飮酒晝夜無休. 其舞, 數十人俱起相隨, 踏地低複, 手足相應, 節奏有似鐸舞.

흡사하다.

타악기에 관한 문헌으로 이규보(李奎報)의 『동국이상국전집(東國
李相國全集)』에서 "깃발은 앞에서 펄럭이고, 고각 소리는 마음을 굳
세게 하네."[11]처럼 '고각(鼓角)'의 형태로 나타나는데, '고각'이란 '군중
(軍中)에서 호령(號令)할 때 쓰던 북과 나팔'이다. 태초의 악기로 추
정되는 북은 동물의 가죽을 이용한 것이다. 사물놀이에서 가죽악인
북과 장고는 금속악기인 꽹과리와 징과 조화를 이룬다.

장구는 "덩덩", 북은 "쿵쿵" 꽹과리는 "갱매" 징은 "징징"하며, 각기
재료가 가진 고유의 소리를 낸다. 장구는 '비'를, 북은 '구름'을, 징은
'바람'을, 꽹과리는 '번개'를 의미하며, 역할 면에서는 꽹과리는 사물
의 리듬을 이끄는 역할로 박자를 밀고 당기며, 이에 따라 징은 꽹과리
의 리듬에 단락을 구분하여 준다. 장구는 가죽악기로서 꽹과리 역할
을 맡으며 리듬을 함께 주도한다. 그리고 북은 장구를 돕는 역할을 한
다. 사물놀이의 음향 편성인 가죽과 금속은 상반된 성향의 소리로 짜
여져 있으면서도 '리듬' 면에서 보면 〈꽹과리와 장구〉는 '분할'하고,
〈장구와 북〉은 '함축'한다.[12]

이처럼 가죽의 웅장함과 금속의 밝은 소리의 어우러짐은 각각의 악

---

11) 『東國李相國全集』卷9「邊山路上作」: 旌旗先客路, 鼓角壯人心.
12) 이 부분은 다음의 표(〈사물놀이 악기의 특징〉)를 참고하였다.(김민호, 「사물(四
物)놀이의 시각표현에 대한 연구」 전북대석사논문, 2003 40쪽.)

| 구분 | 재료 | 리듬 | 의미 | 역할 |
|---|---|---|---|---|
| 꽹과리 | 금속 | 분할 | 번개(電: 雷公) | 리듬을 창조하고 이끌어간다 |
| 징 | 금속 | 함축 | 바람(風: 風伯) | 꽹과리 가락을 감싸고 단락을 지어준다 |
| 장구 | 가죽 | 분할 | 비(雨: 雨師) | 꽹과리와 함께 가락을 주도하며 잘개 쪼갠다 |
| 북 | 가죽 | 함축 | 구름(雲: 雲師) | 장구를 도와주며 주로 원박을 친다 |

기로 쪼개지는 것이 아니라 악기와 악기, 연주자와 관중이 하나의 호흡으로 상생을 이끌어내야 한다. 김덕수는 말한다. "꽹과리, 징, 장구 북이 내는 다른 울림, 다른 소리가 어우러지려면 호흡이 하나여야 한다. 그렇지 못하면 그것은 음악이 아니라 소음이 되고, 상생이 아닌 상극의 효과를 가져온다."[13]. 여기서 말하는 '상생'이란 연주자들의 하나된 호흡뿐만 아니라 관중과의 호흡도 포함한다. 대개 곡마다 10분정도 길이로 연주되는 사물놀이 공연은 느린 템포에서 빠른 템포로 점점 몰아가서 절정을 이루어 낸다. 느리게 연주할 때는 느리게 치고, 빠르게 할 때는 휘몰아치듯이 연주한다.

이처럼 상승하는 음악적 효과와 긴장과 이완을 반복하는 리듬에 따라 관중들의 흥을 맺고 풀면서 함께 호흡한다. 점점 빨라지는 리듬이 클라이막스에 도달했을 때 관중들의 열광이 일어나는 것이 '흥의 맺음'이고, 흥청거리듯 느려지며 관중들의 열광이 가라앉는 것은 '흥의 풀림'이다.

연주자와 관중이 하나가 되는 흥의 맺고 풀림은 공간과 시간을 넘는 어울림의 흥이다. 전통을 넘어 인종을 넘어 세계의 두드림으로 사물놀이는 거듭나고 있다. 흥은 사물놀이 연주 곡 가운데에도 나타난다. 연주자들이 부르는 〈별달거리〉의 "하늘 보고 달을 따고, 땅을 보고 농사짓고, 올해도 대풍년이요. 내년에도 풍년일세. 달아달아 밝은 달아. 태백같이 밝은 달아. 어둠 속에 불빛이 우리나라를 비쳐주네."라는 가사처럼, 사물놀이는 세계의 두드림으로 발돋음하고 있다.

---

13) 김덕수, 「"기본을 지키는 것이 중요하단다"」, 『월간샘터』, 월간샘터사, 2009, 22-23쪽.

## 우륵의 가야금과 탄금대(彈琴臺), "서러움, 열두줄 가야금의 흥으로 삭이다"

'풍류'. 자유로운 영혼에서 나오는 멋과 소리이다. 자유로운 영혼하면 떠오르는 것이 니코스 카잔차키스가 소설로 쓴 '그리스인 조르바' 아닌가. 그러나 조르바에게는 자유로운 영혼은 있을지 모르나 우리 전통의 '풍류의 멋'과 같은 것은 없다. 우리 역사에서도 그리스인 조르바 같은 인물을 찾는다면, 우선 백결선생(百結先生)을 들지 않을 수 없다.

소설가 김동리의 맏형 범부(凡父) 김정설(金鼎卨. 1897~1966. 일명 김기봉(金基鳳))(이하 김범부)이 쓴 『화랑외사(花郎外史)』에 흥미롭게 스토리텔링되어 있는 것처럼, 삶 자체가 예술 같다. 그러나 그는 가난하여 백번을 기워서 입는 정도의 누더기 옷을 입고 다녔는데 그 모양이 마치 메추리가 매달린 것 같았다고 전한다. '백결(百結)'이란 옷을 '백번 기웠다'는 가난함의 은유에서 나온 말이다.[14] 김범부는 백결선생의 말을 재현한다. 「모든 것이 이 화기(和氣)가 안목(眼目)이란 말이야, 그런데 이 화기는 사우(調和)로써 지니게 되는 법이요, 사우는 절로(自然)이루어지는 법이요, 절로는 제빛깔(自己本色)로써 들어가는 법이요. (중략) 모든 것이 제 길수(自然之理)를 얻어야 하는 것인데, 이 제 길수란 곧 사우를 맞게 하는 그것이야. 그래서 사람의 생각대로 완전한 사우가 맞을 때, 그것이 제작(天人妙合)이란 거야. 이 지경에 가면 아무 거칠 것도 박힐 것도 없는 것이니, 말하자면 그냥 터

---

14) 金富軾, 『三國史記』: 居狼山下, 家極貧, 衣百結若懸鶉, 時人號爲東里百結先生.

져버리는 것이야.」[15] 신라의 풍류, 멋은 바로 〈사우맞음(조화)-절로
(자연)-제 빛깔(자기본색)-제작(천인묘합)〉을 말한다.

그런데, 이렇게 풍류를 찾던 신라인 조르바 백결선생 외에 누군가
또 한 사람 '풍류의 영혼'을 들어달라면, 누구를 호명할까. 망국 가야
(伽倻)의 디아스포라 '우륵(于勒)'일 것이다.

거문고를 제작하고 연주한 고구려의 왕산악(王山岳), 정확한 음률
(音律)을 확립하고 악보를 편찬한 조선의 박연(朴堧). 이 두 사람과
더불어 우륵은 한국 3대의 악성(樂聖)으로 추앙되고 있다.

우륵은 조국인 가야의 패망을 목전에 두고, 당시 적국인 신라에 망
명하여 가야의 음악을 완성시킨 음악인이다. 그는 제자 이문(泥文)과
함께 가야의 음악과 가야금을 안고 신라에 망명한다. 우륵이 소중하
게 품고 간 '가야(伽倻)의 현악기(琴)'인 '가야금('가얏고'라고도 함)'
이란 명칭은 『삼국사기(三國史記)』에서 처음 보인다.

우륵이 제조한 가야금은 가실왕(嘉悉王/嘉實王)의 염원에 따른 것
이라 한다. 가실왕의 부름을 받고 우륵은 서로 다른 나라의 방언(方
言)과 소리[聲音]를 음악으로써 '하나 됨=통일'을 꾀해 보고자 하였
다. 따라서 중국악기인 쟁(箏)을 모델로 하여 12현의 악기인 가야금을
제조하고, 12곡을 지었다.

악기를 보면, 몸체의 윗부분의 둥근 것은 '하늘'을, 아랫부분의 평
평함은 '땅'을 형상한다. 그리고 가운데 부분의 빈 곳(中空) 즉 공명통
(共鳴筒. 울림통)은 육합[六合. 천지사방=하늘 · 땅 · 동 · 서 · 남 ·
북]을 상징한다. 12현은 열두달이며, 줄을 받치는 안족(雁足)은 삼재

15) 김범부, 『花郎外史』, 以文社, 1981, 161쪽.

인 하늘(天) · 땅(地) · 사람(人)을 의미한다.[16] 이처럼 가야금에는 동양의 우주관과 자연운행의 원리가 담겨 있다. 아울러 이것이 한국음악을 이루는 원리가 된다.

우륵은 조국을 멸망시킨 나라 신라에 망명하여, 디아스포라로서 분노와 좌절을 삼키면서 망국(亡國) 가야의 영혼을 지켰다. 그의 열정은 음악으로 하나 됨을 구현한 것이다. 아! 가수 백난아가 불렀던가.「직녀성」이란 흘러간 가요에서처럼 '가야금 열 두 줄'은 그대로 '설움'의 홍을 돋구는 것이 아니었을까.

> 낙엽이 정처 없이 날리는 밤에
> 꿈으로 아로 새긴 정한 십년기
> 가야금 열 두 줄에 설움을 걸어놓고
> 밤마다 그리웠소 울고 싶었소.

우륵의 음악에 감동한 진흥왕은 그의 음악을 신라의 것으로 삼았다. 이후 그의 음악은 일본에까지도 전해졌다. 진흥왕은 그를 충주(당시 지명은 '국원(國原)')에 터를 정하여 살게 하고는 신라 청년들을 뽑아 보내서 음악을 배우게 하였다. 우륵은 이들에게 춤과 노래와 가야금을 가르쳤는데, 커다란 바위에 앉아 가야금을 타면 그 신묘한 소리에 사람들이 모여들어 마을을 이루었다고 한다. 금휴포(琴休浦: 탄금대 강가), 금곡리(琴谷里: 칠금동), 금뇌리(琴腦里: 금능동), 청금리(廳琴里: 창동리)등은 그때의 숨결을 담은 마을 이름이란다. 우륵이

---

16) 金富軾,『三國史記』: 上圓象天, 下平象地, 中空准六合, 絃·柱擬十二月, 斯乃仁智之器.… 柱高三寸, 象三才.

가야금을 타면 근처의 이들 마을에서도 그 흥겨운 소리가 들렸으리라 생각하면 참 정겨워진다.

우륵이 가야금을 연주하던 곳 '탄금대(彈琴臺)'는 원래 대문산(大門山)으로 불리던 작은 산이다. 그 밑으로 유유히 흐르는 남한강과 달천이 합류한다. 탄금대 뒷편으로 '열두대'의 기암절벽이 펼쳐지고, 울창한 소나무 숲이 가야금 현처럼 부드럽게 줄지어 서 있다.

탄금대는 「탄금대 사연」이란 노래[1968년 발표, 이병환 작사, 백봉 작곡, 주현미(백진주) 노래]를 통해, 우륵과 임진왜란 때 이곳에서 자결한 신립장군(申砬將軍)을 기리고 있다. 노래 가운데, 2절 '우륵' 부분만 보면 이렇다.

송림이 우거져서 산새도 우는가요
가야금이 울었다고 탄금인가요
우륵이 풍류읊던 대문산 가는 허리
노을진 남한강에 님 부르는 탄금아가써

가야는 망했다. 그러나 탄금대(彈琴臺)에서 가야금을 탄주(彈奏)하던 우륵의 영혼과 노래 소리는 신라를 거쳐, 오늘의 우리 문화 속에서 살아 숨 쉬고 있다. 음악을 통해 자유로운 영혼을 지켰던 우륵과 그의 가야금. 백결선생의 거문고와 함께 우리 흥의 화음을 지켜오는 금슬(琴瑟) 아닌가.

### 악성우륵(樂聖于勒)

우리나라 3대 악성중의 한 분이다. 본래 가야국(伽倻國)의 악사(樂士)로 가실왕(嘉悉王)과 함께 당나라 악기를 보고 가야금을 만들어 가야지방의 향토음악(鄕土音樂) 12곡을 지었다.

우륵은 가야국이 멸망할 것을 알고 가야금을 갖고 제자 니문(尼文)과 더불어 신라에 귀화했다. 신라 진흥왕은 그들을 국원(國原)¹에서 살게 하였으니 지금의 충주이다. 진흥왕 12년(551)3월에 왕이 낭성(娘城: 탄금대)을 순시하고 하림궁(河臨宮: 임시행궁)에서 우륵을 부르니 선생은 새로운 곡을 지어 연주하였다. 왕은 깊이 감동하여 이듬해에 계고(稽古), 법지(法知), 만덕(萬德) 등 세 사람을 우륵에게 보내어 음악을 배우도록 하였다. 우륵은 그들의 재능에 따라 계고에게는 '가야금'을, 법지에게는 '노래'를, 만덕에게는 '춤'을 가르쳐 왕 앞에서 연주케 하였다.

진흥왕은 매우 만족하게 생각하며 후한 상으로 노고를 치하하고 이 음악을 신라의 음악으로 발전 계승시키고자 하였다. 그러나 일부 신하들이 멸망한 나라의 음악이라고 반대를 하자, "가야왕이 음란하여 스스로 멸망하였는데 무슨 죄가 되겠느냐, 대개 성인의 음악을 제정함은 인정에 연유하여 조절하는 것이니 나라의 다스림과 어지러움은 음악곡조에 말미암은 것이 아니다."라고 강한 의지를 보이며 적극적으로 장려하여 오늘까지 전승하게 된 것이다.

가야금에는 하림조(河臨調)와 눈죽조(嫩竹調)의 두 음조가 있다고 전한다. 하림조는 우륵이 낭성의 하림궁에서 진흥왕에게 새로 지어 연주한 곡이라고 추측된다. 진흥왕은 이 음조에 감동하여 한강유역 확보의 굳은 의지를 다지고 삼국통일의 기틀을 마련하였다고 보인다.

오늘의 탄금대(彈琴臺)는 본래 대문산(大門山)으로 우륵이 이곳에서 가야금을 탄주(彈奏)하였다고 한데서 붙여진 이름이다. 이 주변에

는 가야금과 관련된 지명이 여럿 있으니 금휴포(琴休浦: 탄금대 강가),
금곡리(琴谷里: 칠금동), 금뇌리(琴腦里: 금능동), 청금리(廳琴里: 창동
리)등이다.

충주에서는 선생의 예술혼을 살리기 위해 해마다 우륵문화제를 개
최하고 우륵당을 세워 가야금의 전승 보급을 위하여 노력하고 있다. 이
동상은 선생의 업적을 추모하기 위해 문화관광부의 동상·영정 제작심
의 위원회 고증을 거쳐 제작한 것이다.

- 충주시 「우륵당」의 '악성우륵상(樂聖于勒像)' 소개 글 전문

## 굿, 씻김굿 : "해원상생(解寃相生)의 신명 난 춤 혹은 막춤"

우리에게 잘 알려진 민태원(1894-1935)의 「청춘예찬」의 앞 구절이
다. 「청춘(青春)! 이는 듣기만 하여도 가슴이 설레는 말이다. 청춘! 너
의 두 손을 대고 물방아 같은 심장의 고동을 들어 보라. 청춘의 피는
끓는다. 끓는 피에 뛰노는 심장은 거선(巨船)의 기관같이 힘 있다. 이
것이다. 인류의 역사를 꾸며 내려온 동력은 꼭 이것이다.」우리 민족에
게 이 '청춘'에 해당하는 것이 있다면 무엇일까? '신명(神明)남'='신바
람 남' 아닐까?

신명이 나면 어디서나 펄펄 힘이 살아나 사람들과 어울려 노래하
고 춤춘다. 한 마디로 열정이 많다. 그래서 일까? 『산해경(山海經)』에
서도 「조선이라는 나라 사람들은 물가에 살며 남을 가까이하고 사랑
한다.[17]고 기록하였다. 우리 민족은 산과 물을 좋아하고, 언제 어디서

---

17) 『山海經』第18, 「海內經」: 「동해의 안, 북해의 모퉁이에 조선과 천독(天毒. 天竺國=

든 함께 어울려 놀기를 좋아한다. '술 마시고 노래하고 춤을 추는' 것을 좋아한다. "근심을 털어놓고 다 함께 차차차"하며, 관광버스에서 몇 시간을 쉬지 않고 '막춤'(일명 '관광버스 춤')추는 사람들을 보면 마치 굿판에서 춤추며 뛰는 무당을 보는 듯하다. 어느 이름 난 교회의 열렬한 기도 모습이 그렇고, 품바의 모습이 그렇고, 각설이 타령이 그렇고, 시장 리어카 위에 서서 뛰며 물건 파는 아저씨들이 그렇다. 모두 '신명(神明) 난' 모습, '신내림 받은' 무당의 모습이다. 범부 김정설은 우리 피 속에는 고대의 유풍(遺風)으로 이러한 샤먼의 피가 흐른다고 보았다.

무당은 인간과 신을 중재하는 역할이다. 신을 부르고, 맞이하고, 기원하고, (신의 말씀을)전하고, (신을) 떠나보내는 굿의 모든 과정은 무당이 관장한다. 우리 문화에서 무속은 시대에 따라 바뀌면서 그 생명성이 지속되어왔다.

한국의 여러 굿 가운데서 '씻김굿'은 죽은 사람의 영혼을 '씻겨줌'으로써 저승으로 천도하는 제의이다. 이 굿은 전라남도 진도(珍島)에서도 세습무에 의해 전승되었다. 씻김굿은 망자의 해원(解冤)을 통해 그 가족들에게 편안함을 주는 것이다. 망자의 맺힌 원과 한을 풀어주고 씻겨줌으로써 저승으로 천도하는 것이다. 원과 한을 풀어주는 씻김굿에서 이승이나 저승에서도 개인의 원한은 감정적 잔재로 남아있다. 생전의 원한을 풀어주고 씻겨준다는 굿의 연행(連行)에서 한을 푸는 것은 '흥'에 달려있다. 보통 흥(興)은 중국 고대에서 마음을 일으켜 세우는 시(詩)의 수사법(修辭法)의 하나로 말해지나, 원래 흥은 '주술

---

印度)이라는 나라가 있는데, 그 사람들은 물가에 살며 남을 가까이하고 사랑한다 (東海之內 , 北海之隅 , 有國名曰朝鮮 · 天毒 , 其人水居 , 偎人愛之)」.

언어'이다. 즉 흥은 신의 이름을 '시=노래로 읊는=부르는' 행위에 속한다. 신을 다시 만나기 위해서는 그를 '불러내는=일으키는' 상징적 행위인 '흥'에 의해 '신명이 나는' 것이다.

굿이 연행되는 동안 끊임없이 이어지는 굿 음악은 악보가 없는 음악이다. 무당의 연행에 따라 매번 달라진다. 이처럼 즉흥 음악인 굿은 망자=귀신의 말을 풀어내어 한을 씻어버린다. 여기서 망자의 해원이 성취된다. '씻김' 굿은 '흥'으로써 '한을 풀어내는=씻어내는' 굿인 것이다.

우리 역사와 문화 속에는 '한(恨)'이 많다. "술 마시고 노래하고 춤을 춰 봐도 가슴 속엔 하나 가득 슬픔 뿐이네"(송창식의 노래 「고래사냥」중)처럼, 아무리 술을 마시고 노래를 하고 춤을 춰봐도 풀리지 않고 가슴 속에 남은 응어리가 많다. 이것을 풀어내어 함께 어울려 살도록 하는 것이 해원상생(解冤相生)이다. '해원'이란 누명을 쓰거나 하여 부당하게 억울함을 당하여 죽은, 그 '분(憤)하고 억울(抑鬱)함=원통함'이다. 굿, 씻김굿의 저변에는 이런 '한' · '억울함' · '원통함' · '막힘'을 풀어 '상생'(함께 살고 살려줌)을 이끌어내는 기능이 있다. 전통사회에서는 굿이 수시로 여기저기서 행해졌다.

물론 굿을 하는 무당의 신성성은 미신으로 치부되어, 금기되는 예가 많았다. 『고려사(高麗史)』「열전(列傳)」에서 역동(易東) 우탁(禹倬)이 영해사록(寧海司錄)으로 부임하였을 때 그 지방사람들이 팔령신(八鈴神)을 섬기는 것을 보고 방울을 부수어서 바다에 빠뜨렸다는 이야기[18]가 그 하나이다. 특히 성리학을 기반으로 한 조선에서는, 표

---

18) 『高麗史』, 「列傳 22」, 「禹律條」

면의 사대부-양반-남성에게는 유교가, 저면의 '서민 이하-여성'에게
는 무속·샤머니즘 자리한다.

한편 정치적으로 종교적으로 탄압을 받았던 굿의 모습은 최제우의
「용담검무(龍潭劍舞)」에서 볼 수 있다. 「용담검무」는 최제우가 종교
적 수행을 위해 제자들과 함께 추던 검무를 일컫는다. 이 검무는 최제
우가 1861년 한울님의 계시를 받고 지은 「검결(劍訣)」의 노래에 맞춰
춤을 춘다.[19] 가사 중에 "좋을시고 좋을시고 이내신명 좋을시고"[20] 는
모두 하나가 되어 신명나는 검무를 추는 모습이 그려진다.

어쨌든 굿은 우리 문화 깊숙이 정착한다. "굿이나 보고 떡이나 먹
지." 쓸데없는 간섭을 하지 말라는 뜻으로 쓰는 말이다. 여기서 '굿'은
'재미있는 구경거리'를, '떡'은 굿판에서 얻을 수 있는 '먹거리'를 말한
다. "굿에 간 어미 기다리듯 한다."는 말에서 알 수 있듯이, 굿 구경을
간 어머니가 가지고 올 떡을 기다리는 자식의 마음을 표현하였다. 몹
시 기다린다는 말이다. 이런 예에서 보듯이, 굿은 전통 시대에 흥겨운
구경거리이며, 그런 굿판이 끝나면 으레 함께 떡을 나눠먹는 잔치가
따르는 법이었다. 굿판이 벌어지는 날은 온 마을이 시끌벅적하다. 이
런 들썩거림을 "야단굿 났다"라고 표현 한다. 여기서 야단(惹端)은 '야
기요단(惹起鬧端)'의 준말로 시끄럽고 떠들썩한 것을 가리킨다.[21] 야
단 즉 '떠들썩하게 일을 벌이거나 수선을 떤다'는 것은 '굿판의 현장

---

19) 김채원, 「민중사 속의 〈용담검무(龍潭劍舞)〉」『한국무용사학』제 12집, 한국무용
   사학회, 2011. 67쪽 참조.

20) 천도교- 용담유사- 검결 http://www.chondogyo.or.kr/c02/bible2_09.php

21) 이를 테면 퇴계가 『도산십이곡』을 지으면서 기존의 저서와 다른 성향을 보여줌이
   '후세에 시비가 되지 않을까(或因以惹起鬧端)' 염려하는 부분(李滉, 「陶山十二曲
   跋」: 若此等閒事, 或因以惹起鬧端, 未可知)에서 야기요단을 의미를 알 수 있다.

성'을 묘사한 관형어이다.

굿은 즐거운 구경거리이자 야단스러움으로 떠들썩한 비 일상의 공간이자, 성과 속이 만나는 신성의 공간이다. '흥'으로써 '한을 풀어내는=씻어내는' 씻김굿은 우리 문화 속에서 사회의 긍정적 힘을 이끌어내는 코드로 보인다.


## 2) '예의'에 대하여


### 선비의 예의, 퇴계 "일상의 삶에서 찾는 인간의 근본"

경북 안동시 도산면 토계리에 위치한 퇴계 종택을 지키는 16대 종손 이근필옹은 여든이 넘은 나이에도 매일 하얀 두루마기 차림으로 꿇어앉은 채 방문객을 맞이한다. 그는 방문객을 위해 평생 신념으로 지켜온 '예인조복(譽人造福)'이라는 글귀를 직접 써서 선물한다. 방문객에게 선조인 퇴계의 행적보다는 다른 선인들의 미담을 들려준다. 이렇듯 다른 사람을 칭찬하는 것이 바로 자신의 복이라는 네 글자에 담긴 의미를 몸소 실천하는 이근필(李根必)옹. 자신을 낮추는 공경을 실천한 퇴계 선생의 정신은 오늘날 그를 통해 우리에게 전해진다.[22]

---

22) 이근필 옹에 대한 소개는 다음을 참고 바람.
「이근필 옹은 현재 양쪽 귀가 들리지 않는 상태이다. 그럼에도 하얀 두루마기 차림으로 꿇어앉은 채 수련생을 맞이하는 자세는 어느 강사보다 진지하다. 선조인 퇴계 선생의 행적을 직접 입에 올리지 않는다. 대신 다른 사람을 칭찬하는 것이 자기의 복을 짓는다는 뜻의 '예인조복'(譽人造福) 글귀를 강조하면서 다른 집

조선의 선비인 퇴계는 예의를 누구보다 존중했다. 그의 『언행록』에서 볼 수 있는 일상적 행위와 처신은 인간과 인간 '사이'의 공경에 대한 예의였다. 그는 "여러 학생들과 상대할 때에도 마치 존귀한 손님이 좌석에 있는 것 같이 하였다. 따라서 학생들이 모시고 앉았을 때에는 감히 우러러 쳐다볼 수가 없었으나 앞에 나아가 가르침을 받을 때는 화기(和氣)가 훈훈하고 강의가 다정하고 친절하여 처음부터 끝까지 훤히 통달해서 의심나거나 불분명한 것이 없었다."(『퇴계선생언행록』 권2, 「기거어묵지절(起居語默之節)」) 이처럼 학생들에 대한 예우에서도 알 수 있듯이 그는 자신을 낮춤을 통해 독실하게 추구했던 거경(居

---

안 선현들의 미담을 곁들인다. 재작년 101세로 작고한 부친 이동은 옹이 100세 때 쓰셨다는 '수신십훈'(修身十訓)을 나눠주면서, 이는 복사된 인쇄물이기 때문에 멀리서 오신 손님에게 이것만 드릴 수 없다며 정성스레 손수 쓴 '譽人造福' 글귀를 같이 선물한다. "시원찮은 글씨를 드려서 죄송하다."는 말과 더불어 "나를 낮추고 다른 사람을 배려하십시오. 누구나 성현이 될 수 있다는 것을 잊지 마십시오."라는 당부도 함께 한다. 작년에 2만장을 썼는데도 할 일이 있어 행복하다고 한다.」고 말한 바 있다(김병일, 〈[김병일 사람과 향기] 겸손과 헌신이 사람을 움직인다〉, 《서울신문》(2011.8.18)
(http://www.seoul.co.kr/news/newsView.php?id=20110818031010)
「퇴계 이황을 불천위로 모시는 15대 종손 이동은 옹은 지난 해 101세로 작고했다. 후손인 16대 종손 이근필은 '예인조복(譽人造福)'의 정신을 강조한다. 때문에 밝은 사회를 만들고 싶은 염원이 간절하다. 이황의 불천위를 비롯, 4대봉사를 하고 있으며 1년 기제사만 총 15회를 지낸다. 엄격한 유교 집안의 종손이지만 누구보다도 열린 마음을 가진 그는 지금도 도산서원 선비문화수련원에서 사람 사는 밝은 사회를 만들기 위해 인성교육에 힘쓰고 있다. 찾아오는 사람들에게 선비정신을 일깨우며 언제나 예인조복을 강조한다. 종손이 강조하는 예인조복의 정신은 상계종택을 상징하는 선비정신의 21세기적 변용일 것이다.」〈한적한 자연을 사랑한 퇴계, 벼슬 물러나 후학 양성 힘써: 名家를 찾아서 - 20. 진성이씨 상계종택 방문객들에 선비정신 일깨워〉, 《경북일보》(2011.5.20) (http://www.kyongbuk. co.kr/main/news/news_content.php?id=539449&news_area=102&news_ divide=10202&news_local=30&effect=4)참조.

敬: 경건 · 겸손 · 엄숙의 상태를 유지함)을 내면화 · 신체화하였다.

그는 매일 "몸을 거두어 단정히 앉았으며 옷매무새를 반드시 단정히 하고 언행을 언제나 삼가서 하였으므로 사람들이 모두 사랑하고 공경하여 감히 소홀히 대하지 못하였다."(『퇴계선생언행록』권2, 「기거어묵지절(起居語默之節)」)고 한다.

이렇듯 예의는 자신을 반성하고 성찰하는 과정에서부터 '서로 공경하는 마음'이 생기도록 하는 것이 기본이다.

사람이 사람답게 살다 가는 예의는 퇴계가 자신의 묘 앞에 '비석을 세우지 말라!'는 유언에서 단적으로 드러난다. "그저 작은 돌에다가 그 앞면에 '퇴도만은진성이공지묘(退陶晚隱眞城李公之墓: 도산에 뒤늦게 은거한 진성 이씨 중 한 사람의 묘)'라고만 쓰고, 그 뒤에는 오직 가례에 언급되어있는 고향과 조상의 내력(鄕里世系), 뜻했던 바와 행적(志行), 벼슬함과 물러남(出處)의 대체적인 것만을 간추려 써라."[23] 장례에서 겉치레를 단속하며 주의하던 마지막 퇴계의 모습에서 선비들이 얼마나 예의에 철저했는가를 살필 수 있다.

퇴계의 예의는 (가족을 포함한)남들에 대한 이해와 배려로 나타난다. 정신이 온전치 않았던 권씨 부인이 제사상에 대추를 집어먹자, 퇴계는 친척들의 불편한 기색에도 아내를 감싸며 이렇게 말했다. "제사도 지내기 전에 손자며느리가 먼저 음복을 하는 것은 분명예절을 벗어난 일입니다. 그러나 할아버님께서도 손부를 귀엽게 여기실 터이니 그리 노여워하지는 않으실 겁니다."[24] 그는 권씨 부인의 입장에서 기

23) 이에 대해서는 최재목, 『퇴계선생』권7, 국제퇴계학회 대구경북지부, 2004, 107쪽 참조.
24) 김병일, 『퇴계처럼』글항아리, 2012, 27-28쪽.

이한 이해하고 감싸려고 하였다. 또한 그는 권씨부인이 해진 흰 도포를 빨간 헝겊으로 꿰매어 주어도 아무 말 없이 알록달록한 도포를 입고 상가 집에도 가고, 조정의 조회에도 참석하였다.[25] 남을 공경하는 마음에서 권씨 부인을 이해하고 포용하였다.

그의 며느리에 대한 공경은 마치 자식에 대한 사랑과도 같았다. 그의 차남 이채(李寀)가 젊은 나이에 죽자 시집오자마자 과부가 된 둘째 며느리가 안타까웠다. 당시 가부장제적 관습에 의해 과부의 재혼은 금지되었다. 이와 같은 금기에도 불구하고 퇴계는 며느리의 재가(再嫁)를 허락하였다.[26] 정절을 여성의 미덕으로 여겼던 당시 상황에서 퇴계의 결단은 시대의 관습을 초월한 인간에 대한 배려이자 공경이었다.

아울러 퇴계는, 공자의 「가르침은 있어도 차별은 없다(有教無類)」는 교육철학처럼, 누구에게나 차별 없이 가르침을 베풀었다. 즉 그는 대장장이 신분인 배순(裵純)에게도 차별 없이 배움의 기회를 주었다. 그래서 배순은 대장장이 일을 열심히 하면서 퇴계의 가르침에 따라 배움에도 힘썼다. 퇴계가 다른 지방으로 떠나자 배순은 철상(鐵像)을 만들어 모시고 공부하였다. 퇴계가 세상을 뜨자 그는 죽자 삼년상을 치르는가 하면 철상을 모시고 제사를 지냈다고 한다. 이와 같은 배순의 퇴계에 대한 지극한 예의에 감복한 군수는 그가 죽자 시를 짓고 정려비(「裵純旌閭碑」)을 세웠다.[27] 퇴계의 배순에 대한 인간적 예의, 그리고 두 사람의 사제간의 예의는 오늘날까지 훈훈하게 전해진다.

25) 김병일, 『퇴계처럼』 글항아리, 2012, 31-32 참조
26) 김병일, 『퇴계처럼』 글항아리, 2012, 87-88쪽 참조.
27) 최재목, 『퇴계선생』권7, 국제퇴계학회 대구경북지부, 2004, 14-16쪽 참조.

배순은 조선 명종 선조 때 사람으로 본관은 흥해이다. 그는 천성과 효성이 지극히 순근(淳謹)하였다. 순흥부의 철공인이지만 학문에 힘쓰므로 퇴계선생이 서원에서 유생과 함께 가르쳤다. 선생이 떠나자 철상(鐵像)을 만들어 모시고 공부하다가 죽은 후는 3년복을 입었다. 배순이 죽은 뒤 이준 군수는 시를 짓고 군민이 기려 정려각을 세웠다. 손자 종이 묘표(墓表)를 세울 때 비를 세웠더니 먼 훗날 7대 외손 임만유가 충신백성이라 새겨 다시 세웠다. 소수서원의 퇴계선생 평민교육과 배공이 스승을 받든 이 정려비는 국내 유일의 소중한 보물이며 교육자료이다.

▲ 배순정려비[28](裵純旌閭碑)」시도유형문화재 제279호(경북)
　　안내판 내용 : 고 권오봉 교수(전 포항공대) 지음

이 뿐인가. 젖이 모자란 증손자 창양(昌陽)이 영양실조에 걸려 병치레를 하자, 손자 안도(安道)는 할아버지 퇴계의 집에 막 아이를 낳아서 젖을 먹이고 있던 노비가 있음을 알고 그녀를 서울로 좀 보내달라고 긴급 요청한다. 성균관에 유학하던 안도가 갓 태어난 창양을 서울로 데려갔건만 그의 부인 권씨는 젖이 모자라 아이를 키울 수 없었던 탓이다. 그러자 퇴계는 난색을 하고, 바로 손자에게 『근사록(近思錄)』의 "남의 자식을 죽여서 자기 자식을 살리는 것은 옳지 못하다(殺人者以活己子甚不可. 『近思錄』)"라는 문구를 통해 손자를 꾸짖었다.[29] 결국 그의 증손자는 목숨을 잃고 만다. 나의 핏줄이 귀한 것처럼 남의 핏

---

28) '정려비'란 충신, 효자, 열녀 등을 기리기 위하여 그 동네에 세운 비석을 말함.
29) 최재목, 『퇴계선생』권7, 국제퇴계학회 대구경북지부, 2004, 18-19쪽 참조.

줄도 귀함을 손자에게 일깨워주고자 한 것이다.

선비의 예의는 자신과 가까운 인간에게만 머물지 않는다. 타자, 뭇 생명에게까지 미치는 법이다. 그 근저에는 타자 일반에 대한 깊은 성찰과 이해, 공경, 배려가 들어 있는 것이다.

▲ 도산서원과 도산서당 및 현판(도산서원 내), 도산서원 앞의 강 풍경

도산 서당은(위 사진 제일 앞 집, 전체는 도산서원 전경) 세 칸으로 되어 있다. 서쪽 부엌(위 사진 왼쪽)과 가운데 방 하나(=완락재(玩樂齋))와 동쪽 대청(암서헌(巖棲軒))하나이다.(사진 오른쪽)

◀ 李元基 所藏「退溪先生眞影」
　(蕙山劉淑 臨模)

최근 진성이씨대종회(http://www.jinseong.org/)의 宗報 『悅話』제
20호(安東: 眞城李氏 大宗會, 2005)에는 진성 이씨 23세손인 李鍵煥씨
(67세, 미술 관련 일에 종사)가 李元基 所藏 「退溪先生眞影」(蕙山劉淑
臨模)〉을 소개하고 해설을 한 바 있다. 영정의 소장자인 李元基씨는 전
《월간문화재》잡지사 사장이라고 한다. 이 영정은 지금까지 공개된 적
이 없는 자료이다.

劉淑(1827~1873)은 조선 말기의 화가로, 자는 善永·野君이며, 호
는 蕙山이다. 조선시대에 국가에서 필요로 하는 그림을 그리던 관청인
圖畵署에 소속된 화가[畵員]였고, 吾園 張承業(1843~1897)의 스승으
로 알려져 있다. '臨模'라 있으므로 본을 두고 그것을 그대로 옮겨 그린
것이다. 그렇다면 '蕙山劉淑 臨模'라 된 '退溪先生眞影'은, 이전부터 전
해 오는 퇴계의 眞影(그 원본의 여하는 알 수 없지만)을 그대로 베낀 것
으로, 퇴계가 세상을 떠난 지 300여년 뒤의 모작에 해당한다. 아울러 이
퇴계 초상화는 『退溪先生言行錄』「雜記」에 실린 퇴계의 손자 李安道
(1541~1584)의 「선생은 이마가 각 지고, 도톰하고, 넓어서, 송재(=퇴
계의 삼촌)께서는 이를 기특해 하여 사랑하시어, 평상시에 부르시기를,
'廣顙'(넓은 이마)이라 하시고 이름을 부르지 아니 하셨다(先生, 額角
豊廣 松齋奇愛之, 常呼曰, 廣顙, 而不名焉)(『퇴계선생언행록』)」는 기록
에 가장 근접해 있다고 평가된다. 초상화에서 볼 수 있듯이, 이마가 각
이 져서 반듯하고, 도톰하고, 넓다. 그리고 노년의 모습이라 얼굴에 주
름이 져 있고, 수염이 길게 늘어져 있다. 하지만 眼光은 생생하게 살아
있으며 빛을 발하는 듯하다. 여기서 선비의 풍채와 위엄을 느낄 수가
있다.[30]

---

30) 최재목, 「退溪像의 변모」, 『退溪學報』130집, (퇴계학연구원, 2011.12.31), 210-
212쪽.

## 화랑의 예의: '국가를 지키려는 수련과 예의, 그 공동의 기억'

"전우의 시체를 넘고 넘어 앞으로 앞으로…화랑담배 연기 속에 사라진 전우야" 현인이 부른 「전우여 잘자라」라는 노래다. 여기에 등장하는 화랑담배는 1949년에 생산된 군용담배의 이름. 1981년까지 생산된 화랑담배에는 '이 젊음 조국을 위해'라고 적고 있다. 군인들의 국가수호 정신과 전우애를 상징적으로 담은, 지금 연기처럼 사라져 버린 화랑담배. 담배 한 개피의 연기 속에라도 담고 싶어 했던 신라의 화랑정신.

왜 군가 속에 '화랑'이 등장하는 것일까? 아마도 '사군이충(事君以忠)'과 '임전무퇴(臨戰無退)'를 계율로 하는 화랑도의 세속오계(世俗五戒) 때문일 것이다. 600년(진평왕 22) 수(隋)나라에서 신라로 돌아온 원광법사(圓光法師)[31]가 가슬갑사(嘉瑟岬寺)[32]에 머물며 화랑 '귀산(貴山)'과 '추항(箒項)'[33]의 요청에 따라 다음의 다섯 가지 계율을 내린다; ① 사군이충(事君以忠: 충성으로써 임금을 섬겨야 한다), ② 사친이효(事親以孝: 효로써 부모를 섬겨야 한다), ③ 교우이신(交友以信: 믿음으로써 벗을 사귀어야 한다), ④ 임전무퇴(臨戰無退: 싸움에 나가서 물러섬이 없어야 한다), ⑤ 살생유택(殺生有擇: 살아있는

---

31) 성은 박씨(朴氏) 또는 설씨(薛氏). 법명은 원광(圓光). 경상북도 경주 출신. 우리나라 최초의 여래장 사상가였으며, 점찰법회(占察法會)를 도입하여 불교의 토착화 대중화의 기반을 마련하였다.

32) 대작갑(大鵲岬: 경북 청도군 雲門山에 있는 雲門寺의 옛 이름)을 비롯한 다섯 갑사(岬寺) 중의 하나. 실제 장소에 대해서는 여러 설이 있음.

33) 남경주문화연구회 숭모제(崇慕祭) 주관으로 〈제1회 화랑(花郎) 귀산(貴山)·추항(箒項) 숭모제(崇慕祭)〉(2011년12월1일, 경주시 내남면 노곡리 윗백운대 주차장(열암곡 마애불상 입구))가 열린 바 있다.

것을 죽일 때에는 가림이 있어야 한다). 아울러 「임신서기석(壬申誓記石)」[34]의 비문에는 ⑤ 교우이신(交友以信)이 잘 드러나 있다. "임신년(=진흥왕 13년(552) 혹은 진평왕 34년(612)) 6월 16일에 두 사람이 함께 맹세하여 기록한다. 하늘 앞에 맹세한다. 지금으로부터 3년 이후에 충도(忠道)를 지키고 허물이 없기를 맹세한다. 만일 이 서약을 어기면 하느님께 큰 죄를 짓는 것이라고 맹세한다. 만일 나라가 편안하지 않고 세상이 크게 어지러우면 '충도'를 행할 것을 맹세한다. 또한 따로 앞서 신미년 7월 22일에 크게 맹세하였다. 곧 시경(詩經) 상서(尙書) 예기(禮記) 춘추전(春秋傳)을 차례로 3년 동안 습득하기로 맹세하였다."[35]

화랑들은 향가를 즐겨 짓고 불렀다. 신라 경덕왕 때, 충담사(忠談師: 낭도승(郎徒僧) 즉 화랑 소속의 승려)가 화랑 기파랑(耆婆郎)을 추모하여 지은 사뇌가(詞腦歌: 10구체 향가) 〈찬기파랑가(讚耆婆郎歌)[36]〉에는 화랑들의 풍모가 잘 담겨 있다. "슬픔을 지우며 나타나 밝게 비친 달이/흰 구름을 따라 멀리 떠난 것은 무슨 까닭인가/모래가 넓게 펼쳐진 물가에 기파랑의 모습이 거기에 있도다/깨끗하게 인 냇물의 자갈에/기파랑이여! 그대의 지님과 같으신 마음의 가운데를 따라 가고자 하노라/아! 잣나무의 가지가 너무도 높고 사랑스러움은/눈조차

---

34) 1934년 5월 경주시 현곡면 금장리 석장사터 부근 언덕에서 발견. 현재 국립경주박물관에 진열.

35) 壬申年六月十六日, 二人幷誓記, 天前誓, 今自三年以後, 忠道執持, 過失无誓, 若此事失, 天大罪得誓, 若國不安大亂世, 可容行誓之, 又別先辛未年七月卄二日, 大誓, 詩尙書禮傳倫得誓三年.

36) 삼국유사 권2 기이편(紀異篇) 제2, 경덕왕 충담사 표훈대덕조(景德王忠談師表訓大德條).

내리지 못할 그대의 순열(殉烈)과 같구려"(유창균 풀이)[37]

화랑들은 예술을 즐겼다. "우리나라에는 현묘한 도(道)가 있다. 이를 풍류(風流)라 하는데…이는 3교(三教)를 포함(包含)한 것으로 모든 민중과 접촉하여 이를 교화(教化)하였다."[38]의 '풍류도'를 즐긴 것이다. 게다가 그들은 '꽃미남'이고 '얼짱'·'몸짱'이었다. 『삼국유사』에서는 말한다. "외양이 아름다운 남자를 뽑아 곱게 단장시켜, 화랑이라 이름하고, 그를 받들게 하니 무리들이 구름처럼 모여들었다. 그들은 더러는 도의를 서로 연마하고, 더러는 노래와 음악을 서로 즐기면서 산수를 찾아 유람하여, 먼 곳이라도 그들의 발길이 닿지 않은 곳이 없었다(或相磨以道義, 或相悅以歌樂, 遊娛山水). 이러한 과정을 통하여 인품의 옳고 그름을 알게 되었으니, 그 중에서 선량한 인물을 택하여 조정에 추천하였다.[39]

화랑의 제도적 설치는 『삼국사기』의 기록으로, 576년(진흥왕 37)에 진흥왕이 처음 원화(源花)를 받들게 해 남모(南毛)와 준정(俊貞)이라는 아름다운 두 여자를 뽑아 300여 명의 무리를 거느리게 했다. '원화(源花)'는 '원화(原花)'로도 말해지는데, 여성 우두머리로 무리(=郞徒)를 거느린다. 질투 끝에 준정이 남모를 살해한 이후, 남성을 우두머리로 한 화랑을 창설하게 된다. 이들 무리를 화랑(花郞) 혹은 화랑도(花郞徒)라고 한다.

---

37) 한국민족문화대백과(http://terms.naver.com/entry.nhn?docId=562517&cid=1613&categoryId=1613)(글은 인용자가 약간 수정).

38) 崔致遠,「鸞郞碑序」,『三國史記』: 國有玄妙之道 曰風流…實乃包含三教 接化群生.

39)『三國遺事』권4,「新羅本紀」4, 眞興王條: 其後, 更取美貌男子, 粧飾之, 名花郞以奉之, 徒衆雲集, 或相磨以道義, 或相悅以歌樂, 遊娛山水, 無遠不至, 因此知其人邪正, 擇其善者, 薦之於朝.

화랑도의 정신은 오로지 개인의 수양과 단련을 통한 국가에 대한 봉사였다. 그러나 후대에 내려오면서 화랑(花郎)은 무당을 뜻하고, '화랑이'라는 비속어를 낳으며 심지어는 매춘부나 건달을 지칭하는 말로 쓰이기도 한다. 한때 빛나던 신라의 화랑이 고려, 조선을 거치며 쇠락해온 역사를 말해주는 것이다.

분명 화랑도(花郎道)에는, 범부 김정설이 주장하는 것처럼, ①무속적(종교적), ②예술적(심미적), ③군사적(상무적)인 세 요소가 마치 스위스제 '아미 나이프(맥가이버 칼)'처럼 복합되어 있다. 그래서 "삼국통일 이룩한 화랑의 옛 정신을…"(박정희 작사 · 작곡, 「나의 조국」), 「세워라 화랑도 빛나는 전통을 굳게 받아…」(「장교단가」)처럼, 편의적으로 그(화랑)의 '옛 정신' · '빛나는 전통'을 이어받자고 노래해왔다. 한반도의 오래된 공동의 기억을 '국가적 · 국민적 기억'으로 되살리는 근현대기 우리 자신의 초상이리라.

〈화랑담배〉　　　〈임신서기석〉　　　범부 김정설의
　　　　　　　　　　　　　　　　　『花郎外史』初版(1954)

## 장수 논개 사당, "천의 얼굴을 한 예의"

조선 선비들, 그리고 선비정신을 지닌 사람들의 '예의'는 공동체 즉 국가나 민족이 위기에 처했을 때 '의리(義理)', '절의(節義)', '충절(忠節)', '절개(節槪)', '지조(志操)' 등등으로 얼굴을 드러낸다. 뿌리는 하나인데 상황이나 대상에 따라서 수많은 가지로, 이파리로, 꽃으로 천의 얼굴을 보인다는 말이다. 우리나라 전통 유교사회에서는 그랬다.

수주(樹州) 변영로(卞榮魯. 1897-1961)가 「거룩한 분노는/종교보다도 깊고,/불붙는 정열은/사랑보다도 강하다./아, 강낭콩 꽃보다도 더 푸른/그 물결 위에/양귀비꽃보다도 더 붉은/그 마음 흘러라.」(「논개」)고 노래한 논개(論介, ?-1593). 진주의 촉석루에서 적장을 안고 남강으로 뛰어든 그녀. 남성들이 일으킨 전쟁에 희생된 조선의 여성이다. 그녀는 드물게도 사당에 모셔졌다. 양귀비꽃처럼 붉은 정열로, 짧은 생애를 살다간 논개에 대한 최초의 기록, 유몽인(柳夢寅)의 『어우야담(於于野談)』에서는 이렇게 기록하였다. "논개는 진주의 관기다. 1593년 김천일이 거느리는 의병이 진주성에서 왜군과 싸웠는데, 진주성이 함락되어 아군이 패하자 진주성의 백성들도 같이 죽었다. 논개는 진하게 화장하고 의복을 예쁘게 입은 채 촉석루 아래 가파른 바위 꼭대기에 서 있었다. 바위 아래 만길 낭떠러지는 곧바로 강의 물결로 떨어질 듯했다. 한 무리의 왜인들이 논개를 보면서 기쁨을 느꼈으나 (이러한 지형 때문에) 아무도 감히 가까이 오려 하지 않았다. 그러던 중 한 왜인이 앞으로 나아가려 하자 논개가 웃으면서 이를 맞이했다. 왜인이 장차 그녀를 유인하려 했는데, 논개가 드디어 그 왜인을

끌어안은 채 강물로 몸을 던져 함께 죽었다."[40]

남쪽에 의기(義妓) 논개가 있다면, 북쪽에는 평양기생 계월향(桂月香, ?-1592)이 있다. 그녀는 평안도 병마절도사 김응서(金應瑞)의 애첩이었는데, 임진왜란 때 왜장 고니시 유키나가(小西行長)의 부장(副將)에게 몸을 더럽히게 되자 적장(敵將)을 속여 김응서로 하여금 적장의 머리를 베게 한 뒤 자신은 자결하였다. 한용운은 그녀에게 시를 바쳤다. "계월향이여, 그대는 아리땁고 무서운 최후의 미소를 거두지 아니한 채로 대지(大地)의 침대에 잠들었습니다./나는 그대의 다정(多情)을 슬퍼하고, 그대의 무정을 사랑합니다. (「계월향에게」)"

임진왜란 때 보인 조선인들의 애국과 충절 같은 국가나 민족에 대한 예의는 적군의 마음까지도 감복하게 한다. 왜장(倭將) 사야가(沙也可. 1571-1642. 조선명 金忠善)는 임진왜란 때 가토 기요마사(加藤淸正)의 좌선봉장으로 내침하였으나, 조선의 문물이 뛰어나고 유교적 예의를 흠모하여 경상도병마절도사 박진(朴晉)에게 귀순하였다. 이후 김해(金海) 김씨 성과 충선(忠善)이라는 이름을 하사받고, 진주목사 장춘점(張春點)의 딸과 혼인하여 우록동(友鹿洞: 현재 대구광역시 달성군 가창면)에 정착하여 살면서 가훈·향약 등을 마련하여 향리교화에 힘썼다. 이러한 내용들이 『모하당문집(慕夏堂文集)』에 남아있다.

1925년 9월 일본 대심원 특정법정의 공판에서 조선 한복 차림으로

---

40) 柳夢寅, 『於于野談』: 論介者, 晋州官妓也. 當萬曆癸巳之歲, 金千鎰倡義之師八據晋州以抗倭, 城陷軍敗人民俱死. 論介凝粧靚服立于矗石樓下峭巖之巓, 其下萬丈卽入波心. 羣倭見而悅之皆莫敢近, 獨一將挺然直進論介笑而迎之. 倭將誘而引之, 論介遂抱持其倭投于潭俱死.

법정에 출정한 22살의 청년은 재판관을 '그대'라 부르며, "나 박열은 피고가 아니다."며 당당하고 떳떳하게 첫 공판에 임했다. 1923년 4월 일본에서 불령사(不逞社)를 조직하여 본격적인 의열 투쟁을 추진하였다. 마침 일본 태자의 결혼식 소식을 전해 듣고, 암살을 계획하고 폭탄을 반입하려다가 일본 경찰의 취조 중에 그 계획이 드러나 구속. 사형 선고를 받은 뒤, 재판장에게 말한다. "수고했네. 내 육체야 자네들 맘대로 죽이지만, 내 정신이야 어찌하겠는가." 항일운동을 위해 18세의 어린 나이에 동경에 건너가 여러 유학생 단체에 가입하여 사회주의와 아나키즘에 몰두하였다.

1907년 7월 14일 네덜란드 헤이그에서 "대한독립 만세! 세계 약소국가 만세!"의 외침을 뒤로 신성한 선혈을 뿌리며 순국한 이준 특사, 그는 이역만리의 타국 땅에서 조선인들의 가슴 속에 독립의 불꽃을 피웠다. 고종황제에게 특사의 명을 받고 나오면서 그는 시 한수를 남겼다. "헤이그 밀사로 갔다 뜻을 이루지 못하고 죽음을 택하게 되면, 어느 누가 청산에 와서 술잔 부어 놓고 울어주려나(海牙密使一去後, 唯何盃酒青山哭)"[41].

조선조 마지막 성리학자이자 도학자인 간재(艮齋) 전우(田愚)는 국권상실의 상황에서 "죽을 때까지 일제가 지배하는 육지를 밟지 않겠다."며 유학자로서 국가에 대한 마땅한 예의를 지키기(守義)'[42]하기 위해 68세의 나이에, 공자가 말했던 것처럼, 뗏목을 타고 바다로 나아간다. 그는 평생 동안 서양과 일본의 물건을 쓰지 않았으며 죽을지

---

41) 일성이준열사기념사업회, 『이준과 만국평화회의』, 일성이준열사기념사업회, 1997, 71쪽.
42) 田愚, 『秋潭別集』 卷2, 「與崔念喜」; 士居亂世, 非守義, 則倡義也.

언정 호적은 고칠 수 없다고 하였다. 여기서 그치지 않았다. 간재는 1910년 한일합방 소식에 비분을 참지 못한다. 급기야 육지를 떠나 서해의 왕등도(旺嶝島), 신시도(新時島)에서 강학활동을 펼치다가 73세 때 전라북도 부안의 계화도(界火島)에 정착하였다. 그의 의리 정신은 계화도를 왕래하며 배운 1500여명의 학생들을 통해 전국으로 퍼져 나갔다.

이처럼 국가나 민족에 바치는 의리는 천의 얼굴로 드러난다. 남녀 노소를 불문하고, 그들의 영혼에서 삶과 인간의 바탕을 위해 마음에서 우러나오는 예의를 갖춘 것이었다. 그러한 정신을 가르친 것이 유교였다.

## 이순신: "'충절' 그리고 '오동방예의지방국(吾東方禮義之邦國)'의 자각"

1598년 11월 19일 새벽, 노량해전에서 어디선가 날아온 탄환에 누군가가 쓰러졌다. 그는 "싸움이 급하다. 내가 죽었다는 말을 하지 말라!(戰方急, 愼勿言我死)"[43]며 자신의 죽음을 방패로 가리게 했던 충무공 이순신(李舜臣).

전장에서 그는 하늘을 가리키며 "내 명은 저기에 달렸는데 어찌 너희들에게만 적과 싸우게 할 수 있겠느냐?"[44]며 부하들 앞에서 솔선수

---

43) 李芬, 『李忠武公全書』卷9.
44) 尹鑴, 『白湖先生文集』卷21「統制使李忠武公遺事」: 我命在彼, 豈可令爾輩獨當賊乎.

범 전투를 이끌었다.

　1597년에 선조의 명령을 거부한 죄로 감옥에 갇혀 죽음의 위기
에 처해 있을 때에도 "죽고 사는 것은 천명이다. 죽게 되면 죽는 것이
다."⁴⁵⁾라며 죽음을 두려워하거나 피하지 않았다. 죽음을 두려워하지
않는 무인으로서의 담대함은 종묘와 사직을 대하는 기본 예의였으리
라.

　유성룡(柳成龍)은 『징비록(懲毖錄)』에서 이순신을 이렇게 평했다.
"말과 웃음이 적고 용모가 단정하며, 몸을 닦고 언행을 삼가는 것이
선비와 같았지만, 한편 그 속에는 담기가 있어서 자기 몸을 잊고 국난
을 위하여 목숨을 바쳤으니, 이것은 평소에 축적한 것이다."⁴⁶⁾

　그렇다. 이순신은 문무를 겸비된 인물이다. 그의 『난중일기(亂中日
記)』1593년(계사년) 3월 22일 조에는, 우리나라가 '예(禮儀)'와 '의리
(義理)'의 국가임을 강조한다. 그럴수록 그는 온 나라를 쑥대밭으로
만드는 왜적의 침입을 참담해한다.

　　이제 섬 오랑캐가 일으킨 변란은 천고에도 들어보지 못한 바이고 역
　사에도 전해진 적이 없는 일이다. 영해(嶺海)의 여러 성(城)들은 적의
　위세만 보고도 달아나 무너졌으며, 각 진(鎭)의 크고 작은 장수들도 모
　두 뒤로 물러나 움츠리고 산골의 쥐새끼처럼 숨어버렸다. 임금은 서쪽
　으로 피난을 가고 연이어 삼경(三京: 경주 한양 평양)이 함락되었다.
　종사(宗社: 종묘와 사직)가 풍진을 입어 이 년간 폐허가 되니….

---

45) 李芬,『李忠武公全書』卷9: 死生有命, 死當死矣.
46) 柳成龍,『懲毖錄』卷2 : 舜臣爲人寡言笑, 容貌雅飭, 如修謹之士, 而中有膽氣, 忘身
　　殉國, 乃其素所蓄積也.

약속한 일. 천고에도 들어보지 못한 흉변이 우리 동방의 '예(예의)'와 '의(의리)'의 국가[吾東方禮義之邦國]에 갑자기 닥쳐왔다.(하략)[47]

그러나 그는 단호하다. 「국가를 편안히 하고 사직(社稷)을 안정시키는 일에 충성과 능력을 다하여 죽으나 사나 그렇게 하리라.」[48] (1593년(계사년) 9월 15일 조)고.

외롭고 고독한 시간을 견디며 무인으로서 국가와 백성의 안위를 걱정하는 심정은 「한산도가(閑山島歌)」에 잘 드러난다.

한산 섬 달 밝은 밤에 수루(戍樓)에 혼자 앉아 큰칼 옆에 차고 깊은 시름 하는 적에 어디서 일성호가는 남의 애를 끊나니"[49]

그는 주변의 모함과 시기로 인해 어려운 일에 직면할지라도 오로지 자신의 본분에만 전념하였다.

한편 『난중일기(亂中日記)』에는 무인이면서 유교적 예의를 체화한 그의 문인적·인간적 면모 또한 자주 노출된다.

오늘은 돌아가신 아버님의 생신이다. 슬픔에 젖어 생각을 떠올리니 나도 모르게 눈물이 흘렀다. 늦게 활 열 순을 쏘았다. 또 철전 다섯 순을 쏘고 편전 세 순을 쏘았다.[50] (1595(을미년) 7월 2일)

---

47) 이순신, 『교감 완역 난중일기』, 노승석 옮김, 민음사, 2013, 89쪽.
48) 이순신, 『교감 완역 난중일기』, 노승석 옮김, 민음사, 2013, 145쪽.
49) 李芬, 『李忠武公全書』卷1: 閑山島月明夜, 上戍樓撫大刀, 深愁時何處, 一聲羌笛更添愁.
50) 이순신, 『교감 완역 난중일기』, 노승석 옮김, 민음사, 2013, 256쪽.

잠시 우리의 역사를 돌이켜 보면, 역사해방 이후, 특히 박정희 정권기에 퇴계의 문인 이미지 창출에 대응하는 무인 이미지의 대명사는 충무공 이순신이었다.

그런데 근현대기의 역사 속에서 이순신의 이미지는, 흥미롭게도, 무인과 문인 사이에서 '떨림'을 갖는다. 다시 말하면 광복 직후인 1946년 미군정청 체신국에서 만든 충무공(忠武公) 이순신(李舜臣) '영정 우표'(〈그림 1〉)의 이미지가 무인적인데 비해, 박정희 정권기에 나타나는 이미지는 문인적이다.[51]

[그림 3] 1970년 11월
1백원짜리 주화(1970)〉

[그림 1] 이순신 영정
우표(1946)[38]

[그림 2] 충무공
이순신의 표준영정
(1953년 장우성
화백 제작, 1973년
표준영정 채택)[39]

[그림 4] 500원권 지폐의 이순신 영정
(1973)(전면에는 이순신 영정과 거북선,
후면은 현충사가 소재로 채택), 1982년
500원 '동전'으로 바뀌기 전까지 사용〉

이순신의 초상은 1970년 11월 '1백원짜리 주화'(〈그림 3〉)에 처음

---

51) 아래 논의는 최재목, 「퇴계상의 변모」, 『퇴계학보』제130집, 퇴계학연구원, 2011.
    12 참조.
52) 출처: e뮤지엄(http://www.emuseum.go.kr/relic.do?action=view_
    d&mcwebmno=24783)(검색일자: 2011.10.28).
53) 앞과 같은 곳.

나타나는데(이것은 월전月田 장우성(張遇聖)의 그림에 근거), 이순신
을 주 소재로 한 것은 박정희 대통령의 특별한 관심에 따른 것이라고
한다.[54] 이어서 이순신 영정은 1973년 9월 1일 한국은행에서 '500원
권 지폐'(〈그림 4〉)를 발행할 때 전면(前面) 도안의 소재로 채택되고,
1973년 10월 30일 표준영정으로 지정된다. 이 영정은 1953년 월전
(月田) 장우성(張遇聖. 1912-2005) 화백이 그린 영정(〈그림 2〉)이다.

박정희 정권 전기에는 유교나 전통적 요소가 비판되었으나 유신체
제기에는 유교 국가관(유교도덕)이 강조되며 북한과의 전쟁에 대비
하여 무력적인 상징으로서 율곡 이이('십만양병설' 주장)와 충무공 이
순신을 내세운 바 있다.[55] 와중에 이순신의 이미지는 무인적인 데서
문인적인 것으로 이동해가고 있었다. 애당초 이순신에게 문무겸비의
면이 보이긴 하나, 그보다도 국민적 '기억'을 전환시키기 위한 박정희
정권의 이미지 변신 노력의 일환이었으리라. 전통적으로 문인을 숭상

---

54) 이에 대해서는 http://k.daum.net/qna/view.html?qid=3lv3V(검색일자: 2011. 10. 27)
및 한국 조폐공사 홈페이지의 〈화폐연대표〉(http://www.komsco.com/information/
currency/korea/chart/chart04.asp)(검색일자: 2011. 10. 27) 등을 참조.
55) 재일학자 변영호(邊英浩) 교수는 말한다. 「박정희 정권 전기에는 유교나 전통적
요소가 철저하게 비판되었지만 유신체제기에는 전체주의 이론인 유기체 국가관
과 더불어 유교 국가관(유교도덕)이 강조되어 큰 변화를 보인다. 즉 유신체제기
에는 경제성장 진행과정에서 각종 모순이 격화되는 가운데 대립을 완화하기 위해
서 이데올로기 조작이 필요하게 되고, 한편 대외적인 위협이 높아지는 가운데 내
쇼날리즘적인 구심력을 높일 필요성이 강해졌다. 이 양 방향에 대응할만한 것이
유교와 주자학이었다. 북한과의 전쟁에 대비하여 직접 무력적인 상징이 필요한데
그 기능을 해낸 것이 이율곡과 충무공 이순신이었다. 아울러 국민통합의 상징이
된 이퇴계였다. 여기서 동상 건립이 추진된다. 퇴계학이 비정치론으로서 취급되는
것은 각종 정치적 대립 속에서 퇴계를 구출하여 국민통합의 표상으로 삼는 것이
필요했던 것이다.」(邊英浩, 『朝鮮儒教の特質と現代韓國-李退溪・李栗谷から朴
正熙まで』, 東京: クレイン, 2010, 「序章」, 27쪽)(번역은 인용자가 축약하였음).

하는 한국의 국민들에게 부드럽고 친근한 '문인적 이미지'로 다가서
고 싶었던 것이다.

이렇게 해서 이순신의 '충절', 그리고 '오동방예의지방국'의 기억도
오늘날까지 면면 이어지고 있는 것이다.

## 종묘와 사직, "천지신명, 백성에 대한 국가관료의 예의"

"하늘 천, 따 지, 가물 현, 누루 황…"천자문에 '천지현황(天地玄黃)'
이라고 나오듯, 동양적인 우주는 하늘과 땅이 기본이다. 그래서 '천지
를 알아라' '천지를 알고 날뛰어라'고 한다. 통치자는 하늘의 명과 땅
의 이치를 알고 그 바탕 위에서 백성을 다스려 가야 한다.

중국 유교의 성리학적 '천(天)'에 우리나라(=동방적) 전래의 '하늘'
개념이 작용하여 퇴계의 리(理)는 '인격적이고 살아있는' 형태를 띠게
된다. 그리고 이런 흐름은 다산(茶山) 정약용(丁若鏞)을 거쳐서 동학
(東學)으로, 현대 한국으로까지 이어지게 된다.[56]

아래 상소문은 "조선은 중국의 천자가 분봉한 나라이기 때문에 하
늘에 제사를 지내서는 안 된다"는 하륜(河崙) 등의 주장에 대해, '동국
제천설'(東國祭天之說)을 주장한 변계량(卞季良)의 반론이다.

우리 동방은 단군이 시조로, (단군은) 본래 하늘에서 내려왔기 때문
에 중국 천자가 분봉한 나라가 아니었습니다. 단군께서 내려오신 때는

---

56) 조성환, 「바깥에서 보는 퇴계의 하늘섬김사상」, 『退溪學論集』10호, (영남퇴계학연
구원, 2012) 참조.

당요(唐堯)의 무진세(戊辰歲)이므로 지금까지 삼천년이 지났습니다.
하늘에 제사 지내는 예가 어느 대부터 시작되었는지는 알 수 없지만 적
어도 천여 년 동안은 고치지 않고 내려왔을 것입니다. 우리 태조대왕께
서도 이에 따라 더욱 삼가 예를 극진히 하셨으니 신은 하늘에 제사지내
는 예를 폐지해서는 안 된다고 생각합니다.[57] (태종실록 16년(1416년)
6월 1일)

결국 태종은 변계량에게 '제천문(祭天文)'을 지으라는 명을 내린다.
어쨌든 이 대목에는 대륙의 주자학적 천관(天觀)과 우리 동방의 단군
신화적 천관이 대립하는 긴장감을 살필 수 있다.[58]
중국적 문화와 한국의 고대 이래 전통 문화는 '천' 뿐만이 아니라 여
러 방면에서 교섭, 대립, 조정하는 형태를 갖는다. 이것은 우리 역사의
내부(예컨대, 고려와 조선 사이)에서도 발견되는 현상들이다.
조선의 건국은 고려의 불교적 사회·문화 버전 및 인프라를 유교적
인 것으로 일괄 바꾸는 일을 수반한다. 태조가 조선왕조를 세울 때, 2
년여의 곡절 끝에 지금의 서울 곧 한양을 도읍으로 정한다. 태조는 한
양을 유교정신이 구현된 이상도시로 만들고 싶었다.
『태조실록(太祖實錄)』에는 "종묘는 왕가의 조상을 받들어 효경을
숭상하는 곳이고, 궁궐은 존엄을 모이고 정력을 반포하는 곳이며, 성
곽은 안팎을 엄하게 하고 나라를 견고하게 하는 것이니, 이들을 가장

57) 吾東方, 檀君始祖也. 蓋自天而降焉, 非天子分封之也. 檀君之降, 在唐堯之戊辰歲,
迄今三千餘禩矣. 祀天之禮, 不知始於何代, 然亦千有餘年, 未之或改也. 惟我太祖康
獻大王亦因之而益致謹焉, 臣以爲, 祀天之禮, 不可廢也.
58) 조성환, 「바깥에서 보는 퇴계의 하늘섬김사상」, 『退溪學論集』10호, (영남퇴계학연
구원, 2012) 참조.

먼저 건설해야 한다."[59]라고 기록되어 있다. 그는 서둘러 종묘(宗廟)
와 사직(社稷) 그리고 왕궁과 성곽의 터를 살펴보았다. 궁월을 중심으
로 종묘와 사직의 위치를 『주례(周禮)』에서의 '좌조우사(左祖右社)'
에 따라 도성은 계획되었다. 즉 경복궁을 중심으로 궁궐의 왼쪽에 종
묘를 그리고 오른쪽에 사직단(社稷壇)을 조성한다.

'종묘(宗廟)'는 조선왕조 역대 왕과 왕비 및 추존된 왕과 왕비의 신
주를 모신 유교사당으로, 각종 제례가 거행되는 성역(聖域)이다. 태조
는 개성으로부터 태조의 4대조인 목조, 익조, 도조, 환조의 신주를 모
셨다. 따라서 현재 정전(正殿)에는 19실에 49위, 영녕전(永寧殿)에는
16실에 34위의 신위가 모셔져 있고, 정전 뜰 앞에 있는 공신당(功臣
堂)에는 조선시대 공신 83위가 모셔져 있다.

'사직(社稷)'은 '사'=토지신(土地神)과 '직'='곡신(穀神)'에게 제사
를 지내는 제단이다. 예로부터 천자나 제후 또는 왕이 나라를 세워 백
성을 다스릴 때 사직단을 만들어 하늘과 땅에 그리고 곡신(穀神)에게
제사를 올려, 나라의 국운과 풍작을 기원하였다. 사직은 『논어(論語)』
「선진(先進)」에서 "백성이 있으면 사직이 있다(有民人焉 有社稷焉)"
거나 『맹자』등에서 말하듯 '국가'를 상징한다.

인간으로서 조상과 사직을 섬기는 예의인 것이다. 종묘제례악의 가
사(=악장樂章)에 잘 나타나 있는 대로이다.

"왕인 제가 조종의 사당에 이르러서 향사를 지내옴이 어기지 아니하
와 이처럼 마음먹고 강신제를 지내옴에 행동거지 마저 삼가고 조심합

---

59) 문화재청종묘관리소, 『천년의 이야기 종묘』, 문화재청종묘관리소, 2008. 50-51
쪽.

니다. 신께서는 화(和)하고 기껍게 강림하옵시어 음식들을 맛있게 잡
수시고, 한없는 복을 거듭 내려 주옵게 바라와 제때에 격식대로 강신례
를 드립니다(『世宗實錄』卷147)"[60]

조선시대의 종묘와 사직은 유교 국가의 최고 의례가 시행되는 신성
한 공간이다.

종묘는 왕의 정통성을 부여하는 곳이며 사직은 왕의 임무와 책임을
다하는 곳이다. 왕이 조상과 사직을 섬기는 모습에서 효와 충 그리고
예가 이루어지는 종묘사직은 바로 엄숙한 왕권 그 자체인 것이다.

60) 문화재청 종묘 관리소, 『천년의 이야기 종묘』, 문화재청종묘관리소, 2008, 138-
139쪽.

5

지명(地名) 속의 멋
– 한자로 콕 찔러보는 대구 수성구의
  지명들 –

# 어진 자들이 천수를 누리는 행복 도시, 수성(壽城)

수성구가 2015년 새 출발의 키워드를 '인자수성(仁者壽城)'으로, 슬로건을 '꿈의 도시 행복 수성'으로 정했다. '인자'와 '수성'을 합친 '인자수성'은 『논어』의 '인자수'(仁者壽) 즉 '어진 사람은 천수를 누린다.'는 말에서 따온 것이다. 어진 사람은 마음이 편하다. 매사 긍정적이니 근심걱정을 덜 한다. 하루를 살아도 푸근하게 영원을 사는 듯하다. 몸뿐만 아니라 영혼이 건강하다. 이 점에서 이미 어진 사람은 무병장수하고 있는 셈이니, '어진 자는 천수를 다한다'고 본다.

'인자수성'을 줄이면, '인수(仁壽)'가 된다. '어짊과 장수'라, 누구든지 원하는 것 아닌가. 그러보면 수성구는 참 욕심도 많다. 인자들이 모여서 살며, 더구나 장수하는 동네란 말 아닌가. 이 동네를 '꿈의 도시 행복 수성'이라 부른다면, 모두들 고개를 끄덕이리라. 뜻이 좋으니 이곳저곳에서 '인수'라는 말을 발견한다. 중국 지명에는 인수현(仁壽縣)이, 서울에는 인수방(仁壽坊)과 인수봉(仁壽峰)이, 조선시대에는 특수관청 인수부(仁壽府)와 그것을 의미하는 '인수(仁壽)' 명(銘) 분청

사기가, 대구의 화원읍 본리리 남평문씨 세거지에는 인수문고(仁壽文庫)가 있다. 이런 점들을 살려서, 목숨 '수' 자에다 '재-성-나라-도시'를 뜻하는 '성'자의 합성어 수성(壽城)을 해석하면 '잘 다스려진 세상', '인수(仁壽)의 지역' 혹은 '장수의 땅'이 된다.

한편, 수성의 '성'에는 분명히 '무덤, 묘지'의 뜻이 있고, '수성(壽城)' 하면 '생존 중에 만들어 둔 묘'를 뜻한다. 수성은 '수혈(壽穴)', '수장(壽藏)', '수가(壽家)', '수당(壽堂)', '수궁(壽宮)', '수역(壽域)'과도 같다. 『스웨덴기자 아손, 100년 전 한국을 걷다』라는 책에 보면 - 아손이 1904년경 실제 방문해본 곳으로 - 대구 교외에 '고려장'이란 유명한 무덤을 적고 있다. 그 무덤들은 흙을 높이 쌓아올려, 그 속에다 방을 마련해 두었는데, 옛날에 이곳에다 사람들을 생매장한 곳이라 한다. 이곳이 불로동 고분을 말하는지 불분명하나, 아마 옛날 이런 큰 무덤들이 많았던 데서 '수성'이란 지명이 유래한 것은 아닐까. 잘 모르겠다.

그런데, 분명한 것은 수성이 원래 '수창'(壽昌)이었던 지명을 바꾼 것이라 점이다. 수창이란 글자 그대로 '오래 살고(壽) 번창(昌)하다'는 뜻이다. 여기서 미룬다면, 수성은 '천수를 누리는 지역'으로 보는 것이 좋겠다. 최근 수성구에서 정한 키워드 '인자수성'은 지명을 시대에 맞춰 새롭게 해석한 것이다. 모처럼 수성못의 관광명소화 기반 마련에서 '수성못 축조 역사', '민족시인 이상화와 수성들' 등등이 거론되는 것 같다. 민족시인 이상화의 시 '빼앗긴 들에도 봄은 오는가'의 배경인 수성들을 스토리텔링해 수성못 명소화의 주요 모티브로 활용하기로 했다. 그 무엇보다도 우리가 잊어선 안 될 것은 '인자수'(仁者壽)의 전통이겠다.

그렇다. '어진 자'는 다양한 생각과 문화를 감싸고 포용하는 '너르고 따스한 마음을 가진 사람이다. 섬세하고도 평등한, 부드럽고도 활기찬 여성적 마인드와 자비의 미덕을 가져야 한다. 수성구는 '수성못을 축조한 미즈사키 린타로(水崎林太郎)', '임진왜란 당시 명나라 원군으로 참전 후 조선에 귀화한 두사충(杜思忠)', '6 25전쟁에 참전해 전사한 인도인 나야(Nayar) 대령', 그리고 시야를 가창으로 넓히면 '임진왜란 때 귀화한 왜장 사야가(沙也可) 김충선(金忠善)' 등, 그들의 어짊과 목숨 사랑 정신을 되돌아보고 살릴 일이다. 그것이 '인자수성(仁者壽城)' 아닌가.

# '때가 왔습니다!', 시지동(時至洞)

"시지동(時至洞)이라, 그 참 좋은 동네네. 때가 온 곳이구만!" 서울에서 온 친구가 시지동을 한자로 읽더니, 감탄한다. 그렇다. 동네 이름이 예사롭지 않다. 때 '시(時)'자에 이를 '지(至)'자가 붙은 곳. 시지동. 한 마디로, 좋은 '때가 온'/'때가 된'/'때가 닥친' 동네이다.

때 '시(時)'자는 '日(일)' 자와 '寺(사/시)' 자가 결합 된 것. '日'은 '해(=태양)' 즉 '시간'을 의미한다. '寺'는 절간(사찰)이 아니다. ①'손'(手→寸) + ②'꽉 붙들다=포착하다'(止→土)이다. 그렇다면 시지동의 '시(時)'는 흘러가는 시간(=때)을 손으로 붙든다는 뜻. 영어로 'just now'(바로 지금)거나 '타이밍'을 포착한다는 것. 물론 '시'자에는 '때 맞춰, 때때로, 이것, 여기' 등의 뜻도 있다.

참고로, '일(日)'의 자리에 언(言)을 바꿔치면 '시(詩)'자이다. '언(言)'은 우리 마음에서 생겨나는 '첫 언어', 첫 순간의 '말'. 그것을 '손'으로 '꽉 붙들어' 글로 써내는 것(wording)이 시이다. 바로 시인의 사명이 순간의 언어를 포착하는 것이듯, 시지동의 사명은 흘러가는 시간-기회-타이밍을, 허탕치지 말고, 잘 붙드는 일이리라!

시인 진이정이 「지금 이 시간의 이름은 무엇입니까」라는 시에서 읊었다. "흐르는 지금 이 시간의 이름은 무엇입니까...그대는 날 어디론가 막다른 곳까지 몰고 가는 듯합니다. 난 그대안에서 그대로 불타오릅니다...아아 당신은 나라는 이름의 불쏘시개로 인해 더욱 세차게 불타오릅니다." 나를 불태우고 비정하게 지나치는 단 한번 뿐인 시간. 그것을 붙들어 낸다면 특별한 '사건'이 되고 '역사'가 되는 법. 중국어의 '스즈 찐러(時至今日, shízhìjīnrì)='때가 오늘에 이르다'이다. "주여, 때가 왔습니다./지난 여름은 참으로 위대했습니다./당신의 그림자를 해시계 위에 얹으시고/들녘엔 바람을 풀어 놓아 주소서."라고 읊은 릴케의 시 구절을 떠올려 보자.

고전에서도 '시지(時至)'는 대체로 좋은 뜻으로 쓰인다. "가을에 물이 불어날 때가 오면, 모든 시냇물이 황하로 모여들어, 크게 넘실거리며 흐른다(秋水時至 , 百川灌河 , 涇流之大)"[『장자(莊子)』]. "때가 오면 즉시 행동으로 옮겨야 한다. 때를 놓치면 기회는 가버리고 없다(時至則爲, 過則去)"[『관자(管子)』]. "때가 와서, 운이 찾아든다(時至運來)"[『대서잠(大筮箴)』]. "경사가 때맞춰 닥치고, 자녀가 집안에 가득 차서, 종신토록 기쁘니라(慶事時至, 子女滿堂, 終身喜悅)"[참전계경(參佺戒經)]. 물론 『성경』에서도, "때가 이르렀는데도, 이루는 일을 알지 못하고 있다"(롬13:11) 등 '때가 이르렀다(時至)'는 표현을 만난다.

# '고(孤)'의 독립심-뚝심, '산(山)'의 인자함-관용으로 빛날 '고산동(孤山洞)'

　고산(孤山)? 무슨 뜻? 하고 고개를 갸우뚱거릴 것이다. 흔히 듣던 윤선도(尹善道)의 호 고산을 떠올릴 수도 있으나 살펴보면 고산이란 호를 가진 사람이 의외로 많다. 또한 우리나라 이곳저곳에 고산이란 산 이름도 더러 있다. 중국에도 그렇다. 동양권에 사는 사람들이 이렇게 '고산'이란 말을 즐겨 써온 것은 겸양의 정신에서가 아닐까.

　실제 '고산'이란 산이 있다! 매호동에 위치한 고도 92m의 언덕 같은 산. 여기서 고산동이란 지명이 유래했단다. 고산의 '고(孤)' 자는 어린 아이 '자(子)'와 음을 나타내는 오이 과(瓜)를 이루어진다. '외롭다-떨어지다-외따로-홀로-단독'을 의미한다. 본래 어려서 아버지가 없는 (幼而無父) 경우에 쓰던 글자이다. 이후 환과고독(鰥寡孤獨: 홀아비, 홀어미, 고아, 독거노인)에서 보듯이 부모를 잃은 아이(=고아)를 가리키거나, 왕후(王侯)의 위치에 있는 사람이 자신을 겸손하게 낮출 때 쓰는 등으로 쓰임새가 점차 넓어졌다.

'고' 뒤에 '산' 자가 붙으면 산이 어떻게 자리해 있는지를 알려준다. 다른 산으로부터 아예 뚝 떨어져 나와 '외따로-홀로-단독'으로 있음을 알린다. 그만큼 '고' 자에는 '외톨이-고독-외로움' 같은 소극적 이미지가 있다. 이것을 다르게 읽으면 '단독자-독립-뚜렷한 주관-고루함-고집' 같은 적극적 이미지가 된다. 무리-패거리로부터 뚝 떨어져서 자신 고유의 외길을 걸어가는 고절(孤絶)! 사방팔방 둘러봐도 친척 하나 없다는 사고무친(四顧無親)! 외딴 섬=고도(孤島)! 외딴 성=고성(孤城)! 이들처럼 고산은 한 마디로 외톨이가 된 산이다. 그러나 그만큼 강한, 독립 의지를 가진 곳이다. "이 세상에는 다른 어느 누구도 아닌, 오직 너만이 걸어갈 수 있는 길이 있다. …누군가에게 의지하지 마라. 또한 묻지 말고 그저 걸어가라."고 한 니체의 권유처럼.

산은 원래 묵묵히 자신의 자리를 지키는 고요-무게-깊이를 가지고 있다. 여기서 잊어서는 안 될 것이 있다. '어짊-따스함-포용력-관용'이다. "덕 있는 자는 외롭지 않다. 반드시 함께 할 이웃이 있다"는 '덕불고 필유린(德不孤 必有隣)'의 정신이다. '외로움'을 견디는 힘은 덕을 쌓고 베푸는 데서 생겨난다. 현대사회에서 덕을 쌓는다는 것은 사람을 모으고, 감동시키고, 생명력을 증진시키는 것이다.

고산동은 1~3동으로 이루어져 있다. 1동은 '노변동, 신매동, 욱수동', 2동은 '가천동, 고모동, 대흥동, 삼덕동, 시지동, 연호동, 이천동', 3동은 '매호동, 사월동, 성동'을 품는다. 참 많기도 하다. 이 많은 동네를 거두려면 대단한 독립심과 인자함, 뚝심과 인덕을 필요로 한다. 내외부를 포용하는 똘레랑스의 전략이다.

고산은 예술의 동네! 고산농악, 욱수농악을 안다면 이곳이 음악의 땅임을 바로 눈치 챌 것이다. 그래서 '비 내리는 고모령' 같은 노래도 챙겼을까. 예술의 정신은 기예, 기술로도 뻗어간다. 대구스타디움, 대구미술관, 최근에 공사가 시작된 야구장, 의료지구….

'고(孤)'의 독립심–뚝심, '산(山)'의 인자함–관용은 고산서당의 "하늘 천 따 지…"와 고산성당의 "주여!"라는 기도에서도 만난다. '때가 온' 동네 시지(時至)에는 또 고대적 상상력도 살아있다. 하천의 바위에 새겨진 공룡발자국. 그리고 지석묘. 그뿐인가? 욱수동 산길을 걸어들면 고즈넉 영롱하게 빛나는 욱수지의 물결. 청계산을 오르면 저수지의 파문 따라 가 닿는 푸른 산정. 모두 동쪽 남쪽으로 향하는 꿈의 좌표들이다. 수성IC로 드나드는 수많은 바퀴들은 모두 고산동을 디디는 생명들이다. 더불어 잊지 말아야 할 것이 있다. 이랑마다 익어가던 딸기. 달빛 아래 무량무량 푸르렀던 포도송이들. 모두 고산의 옛 추억이 되었다. 이런 상실과 은유의 힘으로 이곳을 지성과 예술로 기획해가야 한다. 사람을 살리고 문화를 살리는 외톨이–단독자의 따스한 고집이 바로 고산동의 능력이어야 한다.

# '황천' 될 뻔하다 '황금'으로 팔자 고친 동네, 황금 동(黃金洞)-"푸를 '청' 자의 초심을 잃지 말아야"

    '황금네거리' '황금아파트'로 잘 알려진 황금동. 그러나 원래 이 동네는 시골의 전원 풍경을 떠올릴 정도로 낭만이 넘치던 곳이다. 가을 들판엔 황금빛 곡식들이 바람에 일렁댔고, 봄·여름의 산엔 울창한 푸른 숲이 싱그러움을 뽐냈다. 하여, '황청리(黃青里)'라 불렀다.

    달성군 수성면이었다가 대구부에 편입되어, 오늘에 이르렀는데, 대구 사람들의 발음이 좀 얄궂었던 탓일까. 아니면 '황'도 '청'도 발음이 세어, '청'을 부르기 쉽게 '천'으로 죽여서 잘못 말하곤 적곤 하여, '황천동'이 되기 일쑤였다. '황천'이라 하면 자칫 '사람이 죽은 뒤 그 혼령이 가서 산다'는 '황천(黃泉)'을 연상하고 만다. 어딘지 불길하고, 재수 없는 동네로 낙인찍히기 십상이다. 그래서 1980년 수성구가 새로 만들어질 때, 아예 폼 나게 '황금동'으로 바꾸었다. 황금알을 낳는 동네거나 황금의 땅이라는 의미로 들린다. 황금 들판의 '황'과 푸른 숲의 '청'에서 다시 온통 누런 빛 '황금'으로 바뀐 것은, 황천갈 뻔하다 황금을 거머쥐어 팔자를 고친 격이다.

패티김이 부른 '능금꽃 피는 고향'(1971년. 길옥윤 작사 · 작곡)의 "능금꽃 향기로운 내 고향 땅은...능금꽃 피고지는 사랑의 거리...", 아니면 고봉산이 부른 '님 없는 대구'(1974. 김영인 작사, 고봉산 작곡)의 "능금꽃 새하얗게 피었던 과수원에..."를 기억해보자. 대구는 애당초 능금 꽃의 '새하얗거나, 빨간' 이미지로 굳어있었다. 여기에 느닷없이 '황청동→황금동'의 '누렇고, 푸른색'이 치고 들어온다면, '컬러풀 대구'라는 구호가 퍼뜩 떠오르지 않는가!

황청/황금의 '황(黃)'은, 『천자문』첫 머리에서 "하늘 천, 따 지, 가물 현, 누루 황"이라 읊조릴 때의 누루 황에 해당하는 '흙/땅(地)=중앙'을 상징한다. 황금은 한 글자 씩 새기기보다 그냥 '황금'(gold)으로 생각해도 좋다. 만일 '황+금(황에다 금)'으로 각각 새긴다면, 누런 흙 속에 '가을' 같은 서늘한 기운인 '쇠붙이(金)'를 묻고 있는 것이 된다. 안정되어 딱 좋은 형상이다.

아울러 '황청'이래도 좋다. '황'은 흙/중앙을, '청'은 우선 땅 위로 연푸른 싹이 돋아나오고(生), 땅 아래로 우물(井) 속에 맑고 푸른 물이 고여 있는 그 '푸르름'을 뜻한다. 이어서  '청'은 나무(木)=동쪽(東)=봄(春)을 은유한다. 나무를 태우면 붉은 불꽃이 나온다. 청 자는 '날 생(生)'과 '붉을 단(丹)'을 합한 것이기도 하다. 붉음(丹)과 푸름(靑)은 서로 분명하여 누구나 '믿는다(信)'. 이것을 '단청지신(丹靑之信)'이라 한다. 사실 젊다는 것은 푸름(청)과 붉음(단), 물과 불처럼 시비호오가 분명하면서도 온몸 가득 열정을 품고 있다는 것이다. 그래, '청춘은 싱글벙글 윙크 하는 봄봄봄, 가슴은 두근두근 춤을 추는 봄…'이라 노래해왔지 않던가. 이렇게 '황청'이란 누런 흙에 푸른 나무가 자라는 것이니, 너무 자연스러운 광경이다.

　결국 황청동이든 황금동이든 다 좋다는 말인데, 허나 초심은 잊지 말자. 황금동의 모태가 된 황청동의 '청' 자에서 눈을 떼선 안 된다. 나무를 태우면 생겨나는 그 붉은 불꽃, 푸른 능금이 숨긴 그 붉은 빛깔의 멋을!

　마지막으로 한 가지 더, 푸르름은 역시 '물'을 필요로 한다. 들안길의 사람 물결(인파), 수성못에 흐르는 물 기운을, 황금동 전체로 끌어내어 생활 속으로 이어가는 지혜를 발휘하자. 그럴 때 황금동은 경제적인 중심을 잡고, 대구의 만물을 유통시키고 번창하게 길러 낼 주변 머리와 뱃심을 가질 수 있다.

# 품격만 갖추면 상전 중전노릇 할 동네, 상동(上洞) · 중동(中洞)

　집에서나 사회에서나 윗사람 노릇하기 참 어렵다. 더욱이 중심 잡고 살기란 얼마나 더 어려운가. 위에서 잘못하면 아래서는 아우성이고, 중심을 잘못 잡으면 주위에서 야단들이다. 윗 '상(上)' 자, 가운데 '중(中)' 자, 이렇게 어려운 글자를 쓰는 동네가 있다. 상동과 중동이다. 대구에서 잘 나가는 동네들 틈에 끼여 있어 가끔 있는 듯 없는 듯 하나 글자를 새겨보면 볼수록 참 뜻이 크다. 다른 동네들에 비길 바가 아니다. 어깨 쫙 펴고 좀 뻐겨도 된다.

　'상(上)'은 가로선(一. 기준) 위에 짧은 세로 선( │ )을 긋고 점( • )을 붙여서 '위쪽'을 가리킨다. 물건이든 위치든 '가장 높은 것/곳'을 나타내며, '오르다, 올리다' 등의 뜻도 나타낸다. '상수(上手), 상달(上達), 상좌(上座), 상재(上才), 상승(上乘), 상지(上智), 상사(上士), 상품(上品), 상류(上流), 상선(上善)'처럼 가장 높은 지점, 지위, 경지를 보여줄 때 쓴다. 그럼만큼 그 자리를 지켜 가기란 참 어렵다. '윗물이 맑아야 아랫물이 맑다'는 말처럼, 맑고 밝고 깨끗하고 우아하게 처신할 때

박수 받고 칭송을 듣는다. 자칫하면 위세를 과시하여 상납(上納) 받는 추한 처지로 전락, 원망과 지탄의 대상이 될 수 있다. 차라리 '상현(上弦)'달처럼 최상의 원만함(=보름달)을 향해 자신을 부단히 연마, 함양해가는 편이 낫다. 높은 곳으로 '오르는' 쪽에 서는 겸손과 하심에서 품격은 절로 나오는 법이니 말이다.

'중(中)'은 口의 한가운데를 아래로 그어서(丨) 중심(=가운데) 중앙(=안/속)을 가리킨다. 아울러 '과녁에 맞다/과녁을 맞히다'처럼 '적중하다' 등의 뜻도 나타낸다. 중은 '중용(中庸)', '중심(中心)', '중도(中道)'에서 보듯, 치우침도 모자람도 없이 딱 한 가운데에 맞는 것이다. 그만큼 이해하기도 실천하기도 어렵다. 그래서 중도(中道)는 이것도 저것도 아닌, 애매모호한 회색분자로 비난받기도 한다. 중도의 이념이 눈에 보이는 현상세계에 잘 실현된다면 어떤 모습일까. 주위-주변-사이에서 어울림-균형을 잘 잡는 일이다. '조화(和)'이다.

상과 중의 글자에서 보듯이, 상동과 중동은 참 뜻이 높고 크다. 큰 자부심을 가져야 마땅하다. 상동이 파동 밑에, 중동이 수성동 옆에 붙었다고 해서 허름한 동네가 아니다. 높은 품격, 중심의 의미를 지닌 곳이다. 수성 못을 기준으로 보면 위쪽의 상동은 물이 좋아 들안길을 끼고서 번지르르 잘 나가기 쉽다. 그럴수록 거리의 풍경이든 집의 담장이든 품격을 지켜가야 더 빛이 난다. 먹자판이 되어서는 곤란하다.

수성못에서 좀 떨어진 중간쯤의 중동은 수성구의 중심으로 대구의 마음-심장-두뇌라는 자부심을 가지면 좋겠다. 그래서 일까. 눈을 크게 뜨고 보시라! 거기에 '대구경북연구원'(일명 '대경연구원')이 있다. 과거에는 대구와 경북이 붙어있어 자연스레 '대구경북'이라 했다. 하지만 언제부턴가 행정적으로 분가(分家)하고 밥솥을 따로 걸고 난 뒤

둘은 떨어졌다. 그러나 사실 둘은 서로 뗄 수 없는 관계이다. 대경연구원이 대구경북을 기획하는 두뇌이듯 중동이 대구의 문화와 물류를 매개하는 중심지로 거듭났으면 좋겠다. 부단히 노력하며 '중'의 의미를 간판으로 내걸 때이다. 관용-포용-화합을 브랜드로 밀고나가 대구 속의 네덜란드가 되면 어떨까.

　상동, 중동을 생각하면 늘 느끼는 아쉬움 하나가 있다. 대경연구원의 상층에 올라 동네를 스윽 한번 굽어보시라. '휴~' 지붕이 장난이 아니다. 가관이다. 품격이라고는 찾아볼 수 없다. 제발 집집마다 돈을 조금씩 들여서라도 지붕부터 개량해가면 어떨까. 그 다음은 벽…. 거기에다 그림을…. 거리엔 또 장미를 심고…. 이렇게 해서 사람들이 수시로 찾는 마을로 환골탈태해 간다면 어떨까. 하나씩 하나씩 바꿔가다 보면, 유럽의 언덕에서 마을을 굽어보듯, 언젠가 '아, 어쩌면 지붕이, 벽이, 저렇게 예쁠까!'하고 감탄할 날이 올 것이다. 그때는 상동, 중동이 대구에서 상전, 중전 노릇할 수 있지 않겠는가.

# '곧게 뻗은 길, 남녘의 꿈을 품은' 파동(巴洞)

파동(巴洞)이라! 참 풀이하기 힘든 동네 이름이다. 간단히 말하자면 파동은 '니리미(내리미)'가 '파잠(巴岑)'이란 한자로 옮겨지고, 파잠은 '파짐, 파집' 등으로 불리다가 결국 쿨 하게 '파' 한 글자만 남아 동네 '동(洞)' 자와 합쳐졌다. '파잠'이라? 미국인 배우 닉 바트젠(Nick Bartzen)을 중국에서는 '니극파잠(尼克巴岑)'으로 옮기는데 여기서 파와 잠이 궁합이 잘 맞는 글자임을 일단 알 수 있다.

파동은 달성군 가창면에서 대구시로 편입, 한 때는 동구였는데 지금은 수성구에 소속되어 있다. 예나 지금이나 대구에서는 이 동네를 거쳐야 팔조령 넘어 청도-부산으로, 헐티재 넘어 풍각 등지로 향하였다. 대구에서 남쪽으로 길을 찾으려면 반드시 디뎌야 할 땅이다. 동쪽으로는 법니산과 서당골, 서쪽으로는 장암산과 용두골. 그 가운데로 신천이 흐른다.

법니산의 등성이가 차츰 차츰 낮아져서 뱀처럼 길게 내리 뻗은 산줄기. 그에 맞춰, 누울 자리를 보고 다리를 쭈욱 뻗은 길이, 달성군 가

창면 입구에서 수성못 부근까지, 신천 따라 곧게 이어진다. 일단 이렇게 산이 길게 쭈욱 뻗어 내렸다고 해서 '니리미(혹은 내리미)'라 불렀던 것 같다. 우리의 전통 관습상 마을 이름 등은 산과 물을 기준으로 정하기 십상인데 니리미도 마찬가지이리라. 니미미의 '니리(=내리)'란 '내리막길' '내리사랑' '내리치다' '내리 3년을…' 등의 말 쓰임에서 알 수 있듯이 '곧게, 바로, 아래(=밑)으로'를 뜻하는 우리말이다. '미'는 '뫼'로 산(山)의 우리말이다. 일본어로는 모리(もり)인데 우리말 '뫼'가 건너간 것이다. 높은 등성이가 낮아지면서 뱀처럼 구불구불 길게 뻗어 내린 산 모양을 '나리미(내리미)'로 읽고서, 이후 한자어 '파잠(巴岑)'으로 옮긴 것이라 추정된다. 파동 마을 앞들을 '파잠(짐)들'이라고 아직도 부른다.

원래 '파' 자는 뱀이 또아리를 틀고 있는 모양으로 '큰 뱀'(혹은 코끼리를 잡아먹는 뱀이라고도 함)이이다. 여기서 '소용돌이' 혹은 그런 무늬, 꼬리의 뜻으로 쓰이기도 한다. 또는 '다가서다, 바라다, 기대하다, 기대다' 등의 뜻도 가진다. 산비탈(산비알)의 길처럼, 산자락에 착 붙어서 '기댄다'는 것은 '다가서다, 바라다'는 것이며, 그런 심정은 꾸불거리면서 길어지기 마련이다. '파' 하면 떠오르는 게 있다. 우선 외래어의 한자 번역어인 파리(Paris. 巴里/巴黎), 인도 남방어 팔리어(pali. 巴利語), 땅 이름인 파키스탄(巴期斯擔)과 팔레스타인(巴勒斯旦)의 '파' 자이다. 파(pa) 발음을 소리 나는 대로 번역할 때 써왔다. 최근 반기문 유엔 사무총장이 미국 대통령 버락 오바마(Barack Obama)에게 '상선약수'(上善若水)라는 글을 써서 나무에 새겨주었다. 한자로 '심오하고(奧) 친근하며(巴) 힘이 넘치는(馬) 사람'이라는 뜻에서 '오파마(奧巴馬)'라고 적었다. 이 때는 'ba'를 '파'로 번역하고, '친근하다'로 읽었다. 또 하나 생각나는 것은, 서정주의 시 「귀촉도」에서 "흰 옷깃 여며 여며 가옵신 님의 다시 오진 못하는 파촉(巴蜀)삼만리"의 '파' 자이다. '파촉'이란 중국의 파주(巴州), 촉주(蜀州)를 합한 것. 중국 사천성의 다른 이름으로, 파는 현재의 충칭(重慶) 근처를, 촉은 청두(成都) 근처를 가리킨다. 그런데 파촉의 파는 파동의 파 자와 상관이 없다.

잠(岑)은 산봉우리, 벼랑, 물가의 언덕, 산세가 험준한 모양 등의 뜻이나 뫼(=산)의 모양새를 한자로 표시한 것이리라. 산에는 봉우리가 있고 재(령嶺, 현峴)가 있다. 중국에도 파산(巴山), 파령(巴嶺) 같은 지명이 있긴 하다. 제미있는 것은 '령(嶺)' 자에서 아래의 '혈(頁)'자를 빼내면 '잠(岑)' 자가 된다. 팔조령(八助嶺)을 팔조잠(八助岑)이라 부르는 데서 알 수 있듯이, 령에서 잠으로의 변신은 가능하다. 그렇다면 '파잠'은 처음 '파령'으로도 썼을 법한데 자신이 없다. 곧게 뻗은 길, 남녘의 꿈을 품은 파동은 그만큼 읽기도 어렵다!

# "남녀 다 함께 얼싸안고…아싸!", 지산동(池山洞)

못 '지(池)', 뫼 '산(山)'의 지산동. 못이 있는 산 혹은 산 위의 못물이 아래쪽 땅을 촉촉이 적셔주는 동네라는 뜻이다. 어느 쪽이든 좋다. 동네 이름 속에 물 있고 산 있으니, 좋은 사람들만 있으면 더 바랄 것이 없다.

보통 산은 남성의 거시기(남근)를, 못은 여성의 머시기(여궁)를 상징한다. 지는 물 '수(氵)' 자에 여성의 성기 모양을 나타내는 '야(也)' 자가 붙은 것이니 여성적인 글자이다. 산은 삐죽삐죽 솟은 것이니 남성적인 글자이다. 지산동은 음양, 남녀 둘 다를 가졌으니 참 복 받은 동네이다. 부럽다! 여기에다 최근 무학터널이 '뻥 뚫려' 시지 지구로 가는 사람들의 통행이 더욱 수월해졌다. 무학로에 있는 「수성아트피아」의 '아트'가 한층 빛날 수 있는 조건이 마련된 셈이다. 금상첨화로 인근 수성못의 물 힘이 또 든든히 받혀준다. 피부가 촉촉해진 지산동의 몸매는 좀 가꾸기만 하면 상종가를 칠 것이다. 더구나 못(지)과 뫼(산)라는 글자가 딱 붙었다는 것은 남녀, 부부가 열렬히 껴안고 사랑하는 모양새 아닌가! 온몸을 맞대고 뽀뽀하고 교합하는 형상이다.

『창본춘향전』의 「천자문풀이」한 대목이 떠오른다. (이도령이 방자에게 말하길) "천자(=천자문)를 들여라…조강지처 불하당(不下堂). 아내 박대 못하느니, 대전통편 법중 '률(律)' 군자호구(君子好逑: 군자의 좋은 짝) 이 아이냐. 춘향 입 내입을 한테다 대고 쪽쪽 빠니 법중 려자(呂字) 이 아니냐." 남녀가 서로 좋아 입 맞추고 '쪽쪽 빠는' 금슬 좋은 모양이 바로 '지+산'의 은유이다.

좀 더 머리를 굴려 '지산'을 '택산'으로 살짝 바꿔치기 해도 좋다. '지'이든 '택'이든 다 물을 담은 못이다. 지산동을 생각할 때는 『주역』의 '택산함괘(澤山咸卦)'를 놓치지 말자. '함(咸)'은 '감(感)'과 다르다. 비유컨대 은근히 마음이 달아올라 통하는 것을 '감'이라 한다면, '함'은 온몸이 벌겋게 후끈 달아서 통해버리는 것이다. '다 함께 위하여!' 이거나, 좀 더 너스레를 떨면 '다함께 차차차…아싸-'이다. 음양이 화합하고, 남녀의 기가 통하니 그야말로 '기통(氣通)(→기똥) 차다!' 탄성이 나올 법하다. 이쯤 되면 제대로 하는, 예술 같은 사랑이리라. 그래서 지산동에 「수성아트피아」가 있는 것일까. 이러한 지산동을 깊이 생각한다면, 최근 표절시비가 붙은 신경숙 작가의 멋진 묘사 한 구절도 놓치지 말자. "두 사람 다 건강한 육체의 주인들이었다. 그들의 밤은 격렬하였다. 남자는 바깥에서 돌아와…여자를 쓰러뜨리는 일이 매번이었다.…여자는 벌써 기쁨을 아는 몸이 되었다. 여자의 청일한 아름다움 속으로 관능은 향기롭고 풍요롭게 배어들었다. 그 무르익음은 노래를 부르는 여자의 목소리 속으로도 기름지게 스며들어 이젠 여자가 노래를 부르는 게 아니라 노래가 여자에게 빨려오는 듯했다. 여자의 변화를 가장 기뻐한 건 물론 남자였다."(신경숙의 『전설』중 240쪽).

　추가로 한 가지 새겨 볼 것이 있다. 주자(朱子)의 시로 알려진(실제
는 작자 미상) '권학시' 가운데 '미교(혹은 '각')지당춘초몽(未覺池塘
春草夢)'이란 구절이 있다. '연못가 봄풀이 채 꿈에서 깨지도 않았는데
…'라는 뜻. 여기서 '못'으로 읽는 '지당(池塘)'은 둘 다 못이면서 '지'는
둥근 것, '당'은 네모 난 것을 말한다. 수성유원지라는 '못'이 '당'처럼
보다 반듯한 이미지로 커서 부도심으로 자리잡아가야 한다면, 지산동
은 '지'처럼 둥글둥글 원만한 내면(=실속)과 부드러운 미모(=외형)의
이미지로 성장하면서 궁합을 잘 맞추어야 하리라.

　어쨌든 지산동은 번쩍번쩍 빛나는 동네가 아니라 소통의 운율, 율
동이 살아나는 땅이어야 한다. 그것은 길 흐름의 미학, 골목의 아름다
움, 「수성아트피아」의 예술 수준에서 얻어질 것이다. 그렇다. 사람들
이 지산동을 찾고 사랑하게 만들려면 골목, 벽, 지붕, 나무 한그루에까
지 독특한 색조에 더욱 신경을 쓰자. 그리스의 아름다운 섬 산토리니
에서 한 수 얻기를!

# 소통의 운율, 율동이 살아나는 땅! 지산동(池 山洞)

못 '지(池)', 뫼 '산(山)'의 지산동. 못이 있는 산 혹은 산 위의 못물이 아래쪽 땅을 촉촉이 적셔주는 동네라는 뜻이다. 어느 쪽이든 좋다. 동네 이름 속에 물 있고 산 있으니, 좋은 사람들만 있으면 더 바랄 것이 없다.

보통 산은 남성의 거시기(남근)를, 못은 여성의 머시기(여궁)를 상징한다. 지는 물 '수( 氵 )' 자에 여성의 성기 모양을 나타내는 '야(也)' 자가 붙은 것이니 여성적인 글자이다. 산은 삐죽삐죽 솟은 것이니 남성적인 글자이다. 지산동은 음양, 남녀 둘 다를 가졌으니 참 복 받은 동네이다. 부럽다! 여기에다 최근 무학터널이 '뻥 뚫려' 시지 지구로 가는 사람들의 통행이 더욱 수월해졌다.

무학로에 있는 '수성아트피아'의 '아트'가 한층 빛날 수 있는 조건이 마련된 셈이다. 금상첨화로 인근 수성못의 물 힘이 또 든든히 받쳐준다. 피부가 촉촉해진 지산동의 몸매는 좀 가꾸기만 하면 상종가를 칠 것이다. 더구나 못(지)과 뫼(산)라는 글자가 딱 붙었다는 것은 음과

양이 조화된, 사랑하는 모양새 아닌가! 온몸을 맞대고 교합하는 형상이다.

창본춘향전의 '천자문풀이' 한 대목이 떠오른다. (이도령이 방자에게 말하길) "천자(=천자문)를 들여라…조강지처 불하당(不下堂). 아내 박대 못하느니, 대전통편 법중 '률(律)' 군자호구(君子好述 : 군자의 좋은 짝) 아이냐. 춘향 입 내 입을 한데다 대고 쪽쪽대니 법중 려자(呂字) 이 아니냐." 남녀가 서로 좋아 입 맞추고 금슬 좋은 모양이 바로 '지+산'의 은유이다.

좀 더 머리를 굴려 '지산'을 '택산'으로 살짝 바꿔치기 해도 좋다. '지'이든 '택'이든 다 물을 담은 못이다. 지산동을 생각할 때는 주역의 '택산함괘(澤山咸卦)'를 놓치지 말자. '함(咸)'은 '감(感)'과 다르다. 비유컨대 은근히 마음이 달아올라 통하는 것을 '감'이라 한다면, '함'은 온몸이 통해버리는 것이다. '다 함께 위하여!'이거나, 좀 더 너스레를 떨면 '다함께 차차차…아싸'이다. 음양이 화합하고, 남녀의 기가 통하니 그야말로 '기통(氣通)(→기통) 차다!' 탄성이 나올 법하다. 이쯤 되면 제대로 하는, 예술 같은 사랑이리라. 그래서 지산동에 '수성아트피아'가 있는 것일까.

이러한 지산동을 깊이 생각한다면, 최근 표절시비가 붙은 신경숙 작가의 멋진 묘사 한 구절도 놓치지 말자. "두 사람 다 건강한 육체의 주인들이었다. 그들의 밤은 격렬하였다. 남자는 바깥에서 돌아와…여자를 쓰러뜨리는 일이 매번이었다.…여자는 벌써 기쁨을 아는 몸이 되었다. 여자의 청일한 아름다움 속으로 관능은 향기롭고 풍요롭게 배어들었다. 그 무르익음은 노래를 부르는 여자의 목소리 속으로도 기름지게 스며들어 이젠 여자가 노래를 부르는 게 아니라 노래가 여자에게 빨려오는 듯했다. 여자의 변화를 가장 기뻐한 건 물론 남자였다."(신경숙의 『전설』중 240쪽).

한 가지 새겨 볼 것이 있다. 주자(朱子)의 시로 알려진(실제는 작자미상) '권학시' 가운데 '미교(혹은 '각')지당춘초몽(未覺池塘春草夢)'이란 구절이 있다. '연못가 봄풀이 채 꿈에서 깨지도 않았는데…'라는 뜻.

여기서 '못'으로 읽는 '지당(池塘)'은 둘 다 못이면서 '지'는 둥근 것, '당'은 네모난 것을 말한다. 수성못이라는 '못'이 '당'처럼 보다 반듯한 이미지로 커서 부도심으로 자리잡아가야 한다면, 지산동은 '지'처럼 둥글둥글 원만한 내면(=실속)과 부드러운 미모(=외형)의 이미지로 성장하면서 궁합을 잘 맞추어야 하리라.

어쨌든 지산동은 번쩍번쩍 빛나는 동네가 아니라 소통의 운율, 율동이 살아나는 땅이어야 한다. 그것은 길 흐름의 미학, 골목의 아름다움, '수성아트피아'의 예술 수준에서 얻어질 것이다. 그렇다. 사람들이 지산동을 찾고 사랑하게 만들려면 골목, 벽, 지붕, 나무 한 그루까지 독특한 색조에 더욱 신경을 쓰자. 그리스의 아름다운 섬 산토리니에서 한 수 얻기를!

# '물 만난 고기' 대박 날 동네, 범어(泛魚)

꼬리에 꼬리를 물고 빙빙 돌다가, 슬슬 동서남북으로 차들이 빠져 나가던 '범어로타리'를 아시나요? 이제 로타리는 죽고, 맺고 끊음이 분명한 현대식 신호 체계가 생겨났다. 원형의 기억은 사라지고, '범어사(四)거리' 혹은 '범어 네거리'처럼 '4-네모'의 형식이 버티고 서 있다.

대구를 잘 아는 사람들은 '범어동(泛魚洞)'하면 '로타리'를 제일 먼저 떠올릴 것이다. "삼각지 로타리에 궂은비는 오는데 "라는 노래처럼, 로타리는 이곳의 추억을 더듬는 부표가 되겠다.

그런데, '뜨다'/'띄우다'는 뜻의 '범(泛)' 자에다, '고기' '어(魚)' 자를 합한 '범어'란 말은 어디서 온 것일까? 1450년 철원부사(鐵原府使)를 지낸 구수종(具壽宗)이 명당을 찾아 내려오다, 달구벌 가운데 이곳의 아름다움에 빠져, 발길을 멈추고 정착했단다. 등이 무려 400m나 되는 붕어, 월척 중의 월척을 간파했던 것이다. 즉 현재 천주교범어교회가 있는 산 모양이 마치 '붕어'(→ 어魚)가 입을 떡 벌리고, 산 아래 흐르는 냇물에 '떠 있는'(→ 범泛) 것과 같아, 그렇게 이름 붙였다는 말이다. 생각해보라! 한 마리 고기 같은 자태의, 아름다운 숲이 고기비늘처럼 일어서서 빛나던 산을. 게다가 그 산을 휘감고 돌아 흐르던 범어천(泛魚川)을. 마치 "넓은 벌 동쪽 끝으로 옛이야기 지줄대는 실개천이 휘돌아 나가고"라던 정지용 시인의 '향수' 속의 풍경 한폭은 아니었을까. 예전 범어동에는 주일골, 관골, 장촌, 야시골, 밤자골 같은 마을이 있었다고 한다. 또한 조선시대에 범어역(泛魚驛)이 있어서 역촌(驛村)으로 부르기도 했단다. 이제 지하철 범어역이 생겼고, 더욱이 지상철 3호선이 스쳐 지나가니 예전 이곳이 과연 '역' 자리였음을 웅변해 주는 것이라.

범어동에는 시내가 있었으니 당연히 물고기가 있었겠고, 이곳 사람들에게 먹거리를 보탰으리라. 그러나 범어동의 '어' 자는 예사롭지 않다. 자꾸 떠오르는 무언가를 더 말해 두어야겠다. 물고기는 알을 많이 낳아서 다량으로 번식한다. 그래서 예전부터 고기는 '다산성 · 풍요 · 행운 · 행복'을 상징하는 것이었다. 자식을 낳아야 할 부녀자에게 물고기 모양의 노리개를 달아주는 것도 이런 의미였다. 오늘날 중국에서 춘절(음력 1월 1일)에 물고기 그림을 그려 벽에 붙인다. 그것은 재물, 여유, 풍요를 바라는 습관에서 유래한다. 게다가 고기 '어' 자의 중국어 발음이 위(yú)이고, 여유(餘裕)의 '여'나 '유' 자가 각각 위(yú), 위(yù)로 유사하게 발음되는 탓도 있다. '생선을 남긴다'는 '유어(有魚)'는 '남음이 있다'는 '유여(有餘)', '넉넉함이 있다'는 유여(有裕)와 같은 의미로 쓰인다. 그래서 중국인들은 새해 인사를 나눌 때에 '연년유어(年年有魚)' 즉 '니엔니엔요우위(niánniányǒuyú)'라 한다. '해마다 풍요로우소서!'라는 인사말이다.

아울러 물고기들은 자유롭게 헤엄친다. 유유자적-평화-한가로움의 은유이다. 권력의 수렁을 벗어나 안빈낙도(安貧樂道)를 즐기려는 선비들이 물고기를 그려서 감상하는 이유이다. 뿐만 아니다. 물고기는 밤낮을 가리지 않고 항상 눈을 뜨고 있으니, 삿된 것(=사邪)을 물리치고(=벽辟) 지켜준다는 '벽사(辟邪)'의 의미도 갖는다. 등등, 범어의 '어'자를 잘 새겨 보아야 할 대목이다.

어쨌든 범어동은 어딘가 항상 '남음이 있는 동네', '남는 장사의 동네'이다. 대박이 터질 동네의 조짐 아닌가. 이렇게 고기(=재물, 풍요, 여유)가 살아나려면 반드시 물이 있어야 한다. 고기를 '띄울=기를' 만한 물길이 범어동에 있는가? 지금은 없다. 그렇다면 예전의 아름다운 물길, 범어천을 어떤 형태로든 살려내어, 동민들의 심신적 여유, 풍요를 안겨주는 것도 좋겠다. 적어도 수성구가 범어동을 '물 만난 고기'의 동네로 만들 의지가 있다면 말이다.

물론 '물'은 시절인연=타이밍=기회를 은유하기도 한다. 이 은유 속에는 지상철 3호선, 범어역의 흐름도 있다. 이것도 물길이라면 물길이다. 그러나 대구는 물이 부족하니, 범어동이 모범적으로 '범어천 살리기 운동'이나 '범어천 물길 축제' 같은 작은 알찬 구상으로 대구를 선도해 가는 것도 좋겠다. 이것은 '2015 대구경북 세계물포럼'과도 잘 어울린다. 이왕이면 범어동이 '물-물길의 발상지'로 거듭났으면 더더욱 좋겠다.

# '평범함에 살면서 부지런히 힘쓰라' 범물동(凡 勿洞)

대구에서 '상전벽해(桑田碧海)'가 된 동네 중의 하나가 범물동(凡 勿洞)이다. 구석진 동네가 중심으로 우뚝 서기 시작하였으니. 더구나 대구 도시철도 3호선의 종점이자 시점인 '용지역'을 갖고 있어, 용지 산(龍趾山) 아래로 마치 날쎈 '범(호랑이)' 한 마리를 품은 듯하다. 이 3호선이 앞으로 대구시립미술관과 월드컵 경기장 쪽으로 연결된다 면 이 '범' 기운이 더더욱 펄펄 살아나, 범물동의 세력이 산 너머로 뻗 치게 될 것이다. 아울러 범물터널은 호랑이 굴을 상징한다. 차들은 그 곳을 통해 상인동과 청도로 쉴 새 없이 내닫는다. 용지네거리-범물터 널-파동-앞산터널…, 끝없이 이어지는 순환로를 따라 범은 날개 단 듯 뛰어놀 것이다.

오래 전부터 범물동을 지나면 참 궁금하였다. 저 '범물(凡勿)'이란 글자는 과연 무슨 뜻인가. '무릇 · 평범하다'는 뜻의 '범' 자와 '말다 · 근심하다'는 뜻의 '물' 자를 합한 멋진 이름이긴 한데, '달마가 동쪽으 로 온 까닭'처럼 참 알쏭달쏭.

그 뒤로 여기저기를 뒤져보았으나, 여러 '설'만 있고 딱 하나로 정리되어 있지는 않다. 대략 다음과 같은 스토리로 정리해두자. 우선 〈산에서 범이 많이 울었다(→범울이→범물리)〉-〈밤만 되면 범이 나타났다(그 정도로 산이 깊었다)〉라는 이야기에서 '호랑이(tiger)'의 '범'이 '범(凡)'으로 바뀌었다는 것. 다음으로 〈계곡 밑에 샘('온천물'?)이 있다〉-〈물이 많아서 땅이 질었다(→진밭골=이전리泥田里)〉라는 이야기에서 '물(water)'이 '물(勿)'로 바뀌었다는 것. 결국 이 '범'과 '물'이 하나로 합쳐서 현재의 범물동이 되었다는 것이다. (이외에도 여러 설이 있으나 생략한다.) 최근 발견된 중국의 고대 출토 자료 가운데 '범물유형(凡勿流型: 무릇 물건(勿=物)은 갈라져서 각각의 모양(型=形)을 이룬다)'이란 말이 보인다. 여기의 '범물'은 '무릇 물건은…'의 뜻으로 범물동의 '범물'과는 무관한 듯하다.

지금은 범물동 산 속에서 사라지고 말았으나, 사실 범 한 마리가 생존하려면 산과 숲의 생태계, 먹이사슬이 충분히 살아있어야 한다. 산신령인 범. 그 한 마리를 살리려면 그 하부의 수많은 동물들이 줄줄이 살아있어야 한다. 당연히 그들이 서식할 거대한 숲이 확보되어 있어야 한다. 이제 범은 아주 사라졌다. 평범할 '범' 자 속에 그 상징만 남았는데, 그(=凡) 의미 또한 깊다. 범(凡) 자는 토담을 만드는 틀을 본뜬 것인데, 나중에 '무릇, 모두, 보통, 대강, 관례, 평범' 등의 뜻으로 확대된다. 낮고 높음을 가늠하는 '평지', 성스러움과 어리석음을 변별하는 기준인 '평범'은 아무 것도 아닌 것 같으나 참으로 위대한 가치이다.

물(勿) 자는 장대 끝에 세 개의 각기 다른 색 깃발이 나부끼고 있는 모양이다. 사람들에게 무언가를 명령하거나 재촉하는 형상이다. 여기서 '말다 · 말아라'라는 뜻 외에 '부지런히 힘쓰고, 분주한' 모양을 보여준다. 참고로 '물물(勿勿)'이라 하면 일심으로 악착스레 힘쓰거나 근심하는 모습이다. 이런 정신은 낮은 곳으로 부단히 흐르는 물에서 찾을 수 있다. 범물동 진밭골의 질펀한 '물'은 범(凡) 자의 평평·평범함과 통한다. 물은 부단히 배우는 자의 상징이며, 지혜로운 자가 좋아한다고 했다. 지자요수(知者樂水)! 수성구립 '용학도서관'이 범물동에 있는 것은 우연이 아니리라.

사라진 범(호랑이)과 질펀한 물. 호랑이는 죽어서 가죽을 남긴다 했다. 범과 물은 '범물(凡勿)'이란 가죽(=글자)을 남겼다. '평범함에 살면서 부지런히 힘쓰라' 한다. 범물동은 그 이름의 유래가 말해주는 초심을 잊지 말라. 물망초심(勿忘初心)! 그러나, 잘 보라. 사방으로 뚫린 터널 속, 산과 숲의 기운 속에, 호랑이의 스토리는 여전히 죽지 않고 살아있다. 아니 용지봉 마저 있으니 '용호(龍虎)' 두 영물을 한꺼번에 다 가져버렸다. 참 복도 많다.

# 선비와 군검(軍劍), 문무(文武)를 다 갖춘 만촌동(晚村洞)

    나는 몇 년, 만촌동에 산 적이 있다. 이곳에서 살았던 어느 시인이 읊었듯, "대동(大洞)과 만촌동(晚村洞)을 기계처럼 오고" 간(이기철, 〈너의 시를 읽는 밤엔〉) 서른 즈음이었다. 그때 나는 도시의 중심을 '벗어난' 개발이 느리고 더딘 '주변부'(=晚)의 촌스런(=村) 동네(=洞)가 가진 많은 매력을 만끽하였다. 지금은 사라지고 만 AID아파트에서, 형제봉으로 해서 〈모명재(慕明齋)〉길로 내려서던 추억이 아련하다. 아카시아 꽃이 하늘대고 개나리가 흐드러지던 봄길. 가랑잎이 휘날리고 솔잎 지던 가을길…그 시절은 가고 없다. 오히려 그렇게 멀어지고 나니 뒷북치듯 만촌동이 더 잘 보이게 되었다.

    만촌동(晚村洞)의 '만'은 만학(晚學), 만혼(晚婚), 만추(晚秋), 만종(晚鐘), 만성(晚成), 만생(晚生), 만찬(晚餐) 같은 말에서 흔히 접한다. 그렇듯이 '늦다, 저물다, 늙다, 쇠하다' 또는 '천천히, 서서히', 나아가서 '해질녘, 저녁, 늦은 밤, 노년, 끝'을 뜻한다. 완숙과 완성, 무르익음이라는 긍정의 이미지와 '마지막, 황혼, 종말, 느림, 더딤'의 부정의 이미지가 겹쳐 있다. '만'은 '해'(日)가 하루 동안 비추어야 할 정해진 양(=시간)을 '벗어나다'(免)는 뜻이다. 거기서 늘그막, 느즈막, 저물 무렵, 석양 무렵, 늦음이란 뜻이 나온다. 참고로 '면(免)' 자는 원래 여자가 아이를 낳는 것인데, 여기서 (모태로부터)'벗어나다'의 뜻이 생겨났다.

만촌동 일대는 과거에 구릉지대로 여러 개의 골짜기가 발달하였다. 이곳에 임진왜란 전후로 옥천 전씨가, 그 뒤 달성 하씨  달성 서씨 등이 와서 살았다. 유학(儒學)을 하던 선비들인지라 글 읽는데 올인 한 탓에 사농공상의 '농' 즉 농사에는 소홀하였던 모양이다. 아니 농사에만 늦은 것이 아닐 터다. 라이프스타일 전반이 느림의 미학으로 움직였을 것이다. 그래서 그런지 마을 이름이 '늦이'가 되었다 한다. 다른 이야기로는, 마을 주변의 산세가 축축 처지듯 느즈러져 있어 '느지미' '느짐' '느지' 등으로 불렀다고도 한다. 이렇게 '늦이-느지미' 마을이 훗날 '만촌(晚村)'이란 한자어로 정착한 것이다. 어느 한쪽의 뜻이 전승되었다기보다는 이 마을의 '풍수적(지리적) 특성'에다 이곳에 살았던 '사람들의 품격'이 잘 어우러진 이름처럼 보인다. 정선 아리랑처럼 운치 있는 높낮이의 느즈러진 산세, 선비들의 심성을 드러내는 촌스러움-느긋함-여유는 만촌동의 미덕이지 흠이 아니다.

이런 미덕은 〈모명재(慕明齋)〉마저 품었다. 임진왜란 때 조선에 원병으로 왔다가 귀화한 명나라 장수 두사충(杜師忠). 그는 자신의 고국을 그리워하여 호를 '모명(慕明: 명나라를 그리워함)'이라 지었다. 두사충을 기리는 집인 모명재는 여기서 유래한다. 중국인 두사충의 '만만디' 정신은 어쩌면 이곳 만촌동의 느긋한 선비 정신과 잘 어울릴 법하다. 이처럼 만촌동엔 곰삭은 '문'의 전통이 깔려있다. 만촌동 AID아파트 뒤편으로 교수촌이 있었고, 거기엔 여러 이름 있는 문인들이 살았었다. 이런 문필(=붓. 文)의 전통을 잊을 수 없다. 한편 만촌동엔 칼(=武)의 전통도 있다. 오래 전 이곳에서 한반도 고대 청동 유물 '동꺾창'(銅戈), '동검'(銅劍) 등이 발굴되었다. 이 '무(武)'의 전통이 〈무열대(2군사령부)〉로 이어지는 것은 아닐까. 게다가 화랑공원도 있으니.

　하-아! 맞다. 만촌동은 '문무'를 다 가진 것이다. 한쪽으로는 느릿느릿 꽉 차는 대기만성(大器晚成)의 선비의 숨결이, 또 한쪽으로는 자신과 나라를 구하는 대쪽 같은 무인의 숨결이 조화롭게 흐른다. 문무, 이 두 힘은 대구의 지향점(아젠다)을 협시(挾侍)하는 일등공신이 될 에토스이다. 느릿한 빠름, 촌스런 세련됨이 있는 동네, 힘내라! 만촌동.

# '속 좁은 이권'과 '문화·지성·휴매니티'를 모두 갖춘 동네, 두산동(斗山洞)

말 '두(斗)'와 뫼 '산(山)'의 두산동. 처음엔 '말뫼'나 '말미'로 불렸다. 이 외에 말미산, 말산 등의 이름도 있다. 어쨌든 말 '두(斗)' 자를 쓴 것을 보면 마을로 내려온 산줄기가 곡식을 담는 '말(斗)'처럼 생겼기 때문이리라.

사실 전국적으로 말뫼(미)라는 지명이 많다. 보통 우리말에서 '말'은 ①짐승의 '말(마馬)', ②곡식의 양을 재는 그릇의 '말(두斗)', ③끝(끄트머리, 끝자락)의 말(말末), ④꼭대기의 '머리, 꼭대기(두頭)'나 '마루(종宗)' 등을 뜻한다. 모두 산 '모양'을 흉내 낸 것이나 그 지역의 맛깔스런 스토리를 각기 갖고 있을 것이다.

산이 있으면, 당연히 물줄기가 있고, 거기에 기댄 '들'(벌판, 들판), 사람과 물건이 이동하는 길이 있다. 두산동은 수성못, 수성들, 들안길이 있어 대구의 알짜배기 땅으로, 전국적 유명세를 타는 스타급 동네로 변모할 수 있었다. 대구 최대의 유원지인 '수성유원지', 그리고 최대의 먹자골목인 '들안길'은 수성구를 먹여 살리는 효자이자 대구의 랜드마크가 되었다. 그뿐인가. 두산동은 상동 황금동 지산동 파동 같은 형제 동네들과 이웃하면서 수성구의 부엌 혹은 금고역할까지 한다.

밤이 들면 수성유원지엔 물-불빛 쇼가 펼쳐지고, 먹자골목은 불야성을 이룬다. 낮보다 밤이 좋은 동네로, 사람이 모이고 물류(物流)가 살아나고, 혈액처럼 현금이 돈다. 혈류에 활기를 불어넣는 것이 바로 지상철 3호선이다. 이로 인해 두산동은 수성구의 변방에서 제2의 부도심으로 자리 잡고 있다.

'수성유원지'는 국제적으로 뜰 수 있는 충분한 여건을 가지고 있다. 다만 글로벌 문화를 원한다면, 스테레오 타입의 배타적 민족주의를 넘어서서 수성못을 축조한 미즈사키 린타로의 정신을 좀 더 홍보하고 활용할 필요가 있다. 여기서 한일간 생명·평화의 연대와 축제, 교류의 길을 열 수 있다. 물론 시야를 위로 녹동서원까지 더 넓히면 좋겠고, 아래로 근대골목, 김광석거리 등등으로 자연스레 연결해내면 좋겠다. 지상철 3호선은 이미 큰 역할을 하고 있다. 다행이다.

두산동의 '두' 자와 관련하여 '두소지인(斗筲之人)'이란 말을 떠오른다. 두(斗)는 한 말들이 말, 소(筲)는 한 말 두되들이 대그릇이다. 즉 도량이 좁은 사람, 소인을 뜻한다. 하나 더. 현대 중국에서는 투쟁(鬪爭)의 '투' 자를 간체자로 '두(斗)'로 쓴다. 그렇다. 두 자에는 이런저런 부정적 해석이 붙는다. 이처럼 두산동이 이권이나 다투는 도량 적은 동네로 전락하지 않으려면 문화와 지성을 쌓는 등 글로벌 문화로 나아가는 데 더욱 세심하고 분발해야 한다. 두가 싸울 투 자로 오해받지 않으려면 말(斗)이 뜻하는 도량형의 바름, 곧음의 보편성과 당당함, 곡식을 담는 관용과 포용의 정신을 한껏 살려야 한다. 또한 산이 상징하는 '인(仁)=휴매니티', 지성, 느긋함의 정신을 적극 펼쳐야 한다. 이럴 때 대구의 문화, 지성의 곡식·씨앗을 담고 발아해내는 말(斗), 물을 거느린 듬직한 산(山)이 될 수 있다. 그것은 대구의 '머리', '마루'가 되는 길이다.

수성유원지 근처 나대지 건물이 우후죽순 용머리처럼 오른다고 해서 대구의 랜드마크가 되거나 동네의 가치가 극대화되는 것은 아니다. 문화와 지성, 휴매니티를 살린 스토리가 풍요로워질 때 두산동은 수성구, 나아가서 대구를 넘어설 수 있을 것이다.

# 최 재 목

현재 영남대학에서 철학(동양철학)을 강의하는 최재목은 상주군 모동면이라는 시골 산골에서 태어나, 어릴 적부터 시를 쓰기 시작하여, 고등학교 때부터는 본격적인 시작(詩作) 활동을 하였다. 대학 시절에 첫 시집을 내며 왕성한 작품 활동을 하였다. 1987년 일본 유학을 하던 때 대구매일신춘문예에 '나는 폐차가 되고 싶다'는 시로 등단하였다. 이후 철학 교수가 된 뒤에 『나는 폐차가 되고 싶다』, 『가슴에서 뜨거웠다면 모두 희망이다』, 『길은 가끔 산으로도 접어든다』, 『해피만다라』 등의 시집을 낸 바 있다. 특히 딱 열(10)자로만 쓰는 이른바 '열자 시'를 처음 시도하여, 『잠들지 마라 잊혀져간다』로 엮은 바 있다.

최재목은 시인으로 활동하면서, 틈틈이 그린 그림과 에세이를 담아 『시를 그리고 그림을 쓰다』라는 책을 펴냈다.

또한 세상과의 걸림 없는 글쓰기에 대한 구상을 풀어낸 『늪-글쓰기와 상상력의 유비쿼터스 네트워크-』, 네덜란드에 머물며 유럽의 이곳저곳을 여행하면서 인문학-철학의 안목에서 그 풍경과 의미를 스케치한 『동양철학자 유럽을 거닐다』와 같은 책을 펴냈다.

최재목은 그동안 전문적인 철학 활동 외에도 칼럼니스트로, 미술·사진·문학·예술 등의 문화평론가로서 활동하며, 많은 철학-인문학-문화-고전에 대한 대중강의를 해오고 있다. 이러한 최근의 활동은 『터벅터벅의 형식』, 『길 위의 인문학-희(希)의 상실, 고전과 낭만의 상처』, 『상처의 형식과 시학』으로 일부 드러나고 있다.

한국문화의 현상학
# 언덕의 시학

**초 판 인 쇄** | 2018년 7월 31일
**초 판 발 행** | 2018년 7월 31일

**지 은 이** 최재목

**책 임 편 집** 윤수경

**발 행 처** 도서출판 지식과교양
**등 록 번 호** 제2010-19호
**주     소** 서울시 도봉구 삼양로142길 7-6(쌍문동) 백상 102호
**전     화** (02) 900-4520 (대표) / 편집부 (02) 996-0041
**팩     스** (02) 996-0043
**전 자 우 편** kncbook@hanmail.net

ISBN   978-89-6764-124-5   03100                    정가 13,000원